Giuseppe Palomba

Der Zimmermann

Ein Singspiel

Giuseppe Palomba

Der Zimmermann
Ein Singspiel

ISBN/EAN: 9783743365308

Hergestellt in Europa, USA, Kanada, Australien, Japan

Cover: Foto ©Thomas Meinert / pixelio.de

Manufactured and distributed by brebook publishing software (www.brebook.com)

Giuseppe Palomba

Der Zimmermann

Der Zimmermann

ein

Singspiel.

Aufgeführt in dem kais. königl. National=Hoftheater
im Jahre 1783.

WIEN.
bey Joseph Edlen von Kurzbek.

IL FALEGNAME.

COMMEDIA.
PER MUSICA.

DA RAPPRESENTARSI

NEL TEATRO

DI CORTE

L'ANNO 1783.

IN VIENNA,

PRESSO GIUSEPPE Nob. de KURZBECK.

ELENA vedova d'un militare morto in battaglia da lei non conosciuto, Donna onesta, ma burliera, e facilissima ad innamorarsi.

ANAGILDA Affricana presa in Mare da D. Velardo, ed Amante del medesimo.

MASTRO SOZIO. vecchio Falegname, Amante d'Elena.

Don FABIO CARTAPECORA Causidico ignorante di Mastro Sozio.

Don VELARDO Corsaro Maltese giurato Sposo d'Elena, ed amante d'Anagilda.

GRAZINA Cugina d'Elena.

BELLONIA Serva astuta d'Elena.

Don DALMIRO giovane sciocco, ad Appuratore de fatti altrui.

La Scena è un Paesotto a costa di mare nelle vicinanze di Napoli.

La Musica è del Signor Domenico Cimarosa, Maestro di Cappella Napolitano.

Personen.

Helene, eines bei einer Schlacht umgekommenen, und ihr unbekannten Officiers Wittwe, eine ehrbare, doch aber scherzhafte, und zur Liebe sehr geneigte Frau.

Anagilde, eine von Don Velardo auf dem Meere gefangen genommene Affrikanerinn, und dessen Liebhaberinn.

Meister Sozio, ein alter Zimmermann, und Helenens Liebhaber.

Don Fabio Cartapecora, Meisters Sozio unwissender Advocat.

Don Velardo, ein malthesischer Kaper, Helenens geschworner Bräutigam, und Anagildens Liebhaber.

Grazine, Helenens Base.

Belloxie, Helenens schlaue Magd.

Don Dalmiro, ein dummer Mensch, und ein Ausspäher fremder Geschäften.

Die Handlung geht in einem kleinen Lande, auf der Meerküste unweit Neapel vor.
Die Musik ist von dem Herrn Dominik Cimarosa, neapolitanischen Kapellmeister.

ATTO PRIMO.

SCENA PRIMA.

Camera con sedie, e tavolini, su de quali vi sono alcuni ordigni da lavori di donne. In prospetto magnifica arcata per cui si passa in un giardino praticabile.

Elena e Grazina, che vengono allegre cantando dal giardino servite da Don Dalmiro, e Bellonia che li segue.

El. } a 2 Quanto è bello in sul mattino
Gr. }   Infra l'aure lusinghiere,
         Fra l'odor d'un bel giardino
         Passeggiar con libertà!

                              D. D.

Erster Aufzug.

Erster Auftritt.

Ein Zimmer mit Sesseln, und Tischen, auf welchen einige Werkzeuge zu Frauenzimmerarbeit zu sehen. Gegenüber ein prächtiger Schwibbogen, durch welchen man in einen Garten geht.

Helene und Grazine kommen aus dem Garten lustig, und singen, Don Dalmiro führt sie unter dem Arm, und Bellonie folgt ihnen nach.

Hel. ⎫
in 2. ⎬ O wie schön ist es in aller Frühe
Graz. ⎭ bei dem Gesäuse schmeichelnder Zephyren in einem wohlriechenden Garten frey herum zu spazieren!

D. D. Oh che grazia! che bel canto!
  Tu sei vaga *(a El.)* tu sei bella.
                                       (a Graz.)
      Ed il pubblico v'appella
      Semidee della città.
Bell. Saria dolce, e bel diletto,
      Se anche a me per il giardino
      Mi venisse un damerino
      Dolcemente a corteggiar.
Elen. Grazie al nostro Don Dalmiro,
      Che sì ben ci fa lodar.
Graz. Basterebbe un suo sospiro
      Cento donne a innamorar.
D. D. Quel labbretto, quel visino
      Verrò sempre ad adorar.
Bell. Uom di lui più scaltro, e fino
      No, per Bacco, non si dà.
D. D. Jeri al Caffè per voi
      Misi mano alla spada,
El.   E la cagione?
D. D. Alcuni Zerbinotti
      Davano per sicuro,
      Che Mastro Sozio il vecchio faleg-
                              name
      Era da voi burlato a meraviglia
      Io ciò non soppertando,
      Mi trassi indietro, e tirai fuori il
                              brando.
Graz. Oh che amico sincero!
El.   Grazie vererendiam   *(con ironia)*
D. D. (Se fosse il vero,)
                                       Bell.

Erster Aufzug.

D. D. O wie sie anmuthig, und schön singen! Du bist einnehmend (zu Hel.) Du bist schön, (zu Graz.) und das Publikum heißt euch die Halbgöttinen unserer Stadt.

Bell. Es würde für mich eine süsse Freude seyn, wenn ich auch einen Aufwarter hätte, der mich in dem Garten liebkosete.

Hel. Wir danken unserem Herrn Dalmiro, der uns so sehr loben kann.

Graz. Ein einziger Blick von ihm würde genug seyn, hundert Frauenzimmer verliebt zu machen.

D. D. Ich werde allezeit ihren schönen Mund, und ihr schönes Angesicht anbeten.

Bell. Es ist, so wahr ich lebe, nirgends ein so schlauer und verschmitzter Mensch zu finden.

D. D. Gestern habe ich wegen ihnen im Koffehause den Degen ausgezogen.

Hel. Aus was Ursach?

D. D. Es waren einige Stutzer da, welche durchaus behaupten wollten, als ob sie den Meister Sozio, den alten Zimmermann, zum besten hätten, so daß nicht zum sagen ist: Ich konnte dieses nicht ausstehn; ich trat einen Schritt zurück, und zog meinen Degen heraus.

Graz. O was für ein aufrichtiger Freund!

Hel. Wir sagen ihnen dank. (höhnisch)

Dal. (Wenn es wahr wäre.)

Bell. Chi solo nominare
  Vuol quel dolce vecchietto grazioso
  La bocca ha da lavarsi
  Con acqua di melisse, e sans pareille.
El. Quando si seppe, che morì in battaglia
  Quel Don Fugazio mio Marito, il quale
  Io sposai per procura, e mai non vidi,
  Subito l'amor mio
  Giurai a Don Velardo.
Graz. Ricco maltese, e gran corsaro ardito.
Elen. Questi da me partito or son sett'anni,
  Una lettera sol non mi ha mandata
  Sicchè, senza sostegno, era io costretta
  A vender ciò che avea se impietosito
  Cotesto Mastro Sozio non si fosse
  D'un onesta, e garbata vedovetta.
Graz. E d'una innocentina donzelletta
Bell. E d'una serva, che può dirsi d'oro.
D. D. (E lo burlano intanto a genio loro.)
  E così?
El. Di mia casa
  Si addossò il peso.
Bell. Senza fin sinistro,
  Spieghiamoci.
Graz. Noi già sappiam, chi siamo.
Bell. L'uomo è caritativo
El. Quanto è buono!   *D. D.*

Bel. Wer den reizenden, und artigen Alten nur nennen will, der muß sich ehe das Maul mit Melissenwasser und sans pareile auswaschen.

Hel. Als man erfuhr, daß Don Fugazio, welchen ich nie gesehen, und durch einen Bestellten geheirathet hatte, gestorben war, so versprach ich alsogleich meine Liebe dem Don Velardo, und beſtättigte dieses mit einem Schwur.

Graz. Er ist ein reicher Maltheser, und ein herzhafter Kaper.

Hel. Dieser ist vor sieben Jahren von mir abgereiset, und er hat mir keinen Buchstaben geschrieben: Hätte also der Meister Sozio mit einer ehrbaren, und artigen Wittwe kein Mitleiden gehabt, so hätte ich, hilflos, alles verkaufen müſſen.

Graz. Hätte er kein Mitleiden mit ihr, und mit einem unschuldigen Mädchen gehabt.

Bell. Und mit einer Magd, die soviel Gold werth ist.

Dal. (Und dann foppen Sie ihn wie sie wollen.) Und weiter?

El. Er nahm meine Wirtschaft über sich.

Bel. Ohne böser Absicht. Erklären wir uns.

Graz. Wir wissen schon, wer wir sind.

Bel. Er ist ein gutthätiger Mann.

El. O wie er gütig ist!

Del.

D. D. Baſtano a Maſtro Sozio
Tanti elogj per or: un pò veniamo
Al propoſito mio. Garzinaio, t'amo
Graz. Ed anch'io tamerei,
Se ſpendere un pochetto ti vedeſſi.
Dal. Che ſentimenti oſſeſſi! Senti, o cara.
Pazzia maggior di quella non si dà,
Che il domandar quattrini a chi
non n'ha
Se a te mando un ſol ſoſpiro
Dal mio labbro ben tirato,
E com'io ti aveſſi dato
Tutto l'oro del Perù.
Io proteggo gran cantanti,
Io proteggo ballerine,
Io proteggo le viaggianti,
Io proteggo Signorine:
Lor do vezzi, applauſi, e lodi
Nè prentendono di più.
Dunque, amabile Grazina,
Va tu ancor colla rubrica:
La pecunia è a me nemica,
Quanto cara a me ſei tu.
parte

SCENA II.

Elena, Grazina, Bellonia, e poi Maeſtro Sozio.

Graz. Ghe adulator ſpiantato!
Bell.

Erster Aufzug.

Dal. Der Meister Sozio ist für itzt genug gelobet worden: nun kommen wir auf unsere Sache. Garzina ich liebe dich.

Graz. Ich würde dich auch lieben, wenn du mit deinem Beutel ein wenig heraus rücktest.

Dal. Was für verzweifelte Gedanken! Höre mir zu, meine Liebe! Es ist keine grössere Thorheit, als von einem, der kein Geld hat, eins zu begehren.

Wenn ich dir nur einen tief aus meinem Herze geholten Seufzer zuschicke, so ist es eben soviel, als wenn ich dir das Gold gegeben hätte, welches in ganz Peru zu finden ist.

Grosse Sänger, Tänzerinnen, Reisende, und auch Fräulen stehen unter meinem Schutze. Ich liebkose sie, ich gebe ihnen Beifall, ich lobe sie, und sie begehren nichts mehres.

Sey du also auch liebenswürdige Grazina in dieser Zahl; denn das Geld ist mir so feind, wie du mir lieb bist.

(geht ab)

Zweyter Auftritt.

Helene, Graz. Bell. hernach Meister Sozio.

Graz. Das ist ein elender Schmeichler!

Bel.

Bell. Giacchè tarda a venire Maſtro Sozio
  Leggete queſte letere, che vi hanno
  Mandate quei ſiguor, che vi preten-
    dono.
Elen. Ho fatto tanto ridere
  Il Marcheſino Ottavio dal balcone,
  Narrandogli del noſtro falegname
  Le amoroſe eſpreſſion, che a far mi
    viene . . .
  un ſervo avviſa, che viene Maſtro Sozio.
Bell. Che? Viene Maſtro Sozio?
Elen. Preſto, preſto al lavoro.
  ſiedono: Elena va a cucire, Grazina a far merletti, e Bellonia a far calzette.
  Ragazze, gli occhi baſſi.
  Adattiamoci bene
  A burlar queſto gonzo
Bell. Ecco già viene.
M. Soz. Che fanno le mie bianche colombette?
  Si alzano tutte tre, e vanno a baciargli la mano, poi tornano al lavoro.
  Ah ſiate benedette!
  E coſì? Si lavora: eh?
Bell. Per buſcarci
  Con i ſudori noſtri
  Un pezzetto di pane.
Graz. In caſa noſtra
  Non ci viene neſſun.

M.

Bel. Nu! weil der Meister Sozio noch nicht kömmt, so lesen sie diese Briefe, welche ihnen ihre Herren Pretendenten zuschicken.

Hel. Da ich die verliebten Ausdrücke, welche unser Zimmermann mit mir braucht, dem jungen Marquis Octavius von Fensterbalken erzählt habe, so hat er darüber so sehr gelacht.

(Ein Diener deutet, daß der M. Sozio kömmt.)

Bel. Was? der Meister Sozio kömmt?

Hel. Nur geschwind zur Arbeit.

(Sie sitzen nieder. Die Hel. nehet, die Graz. kleckelt, und die Bell. strickt.)

Mädchen schlaget ihr die Augen nieder; wir müssen uns wohl richten, diesen Tölpel zu foppen.

Bel. Da kömmt er schon.

M. S. Was thun denn meine lieben Täubchen? (Sie stehen auf, und küssen ihm alle drey die Hand, und gehen wieder zur Arbeit.)

O ihr lieben Mädchen! Was geschieht dann? Man arbeitet halt, nicht wahr?

Bel. Um uns, mit unserem Schweiße, ein Bißchen Brod zu verdienen.

Graz. Zu uns kömmt kein Mensch ins Haus.

M. S.

M. Soz. Per urbe, ed orbo
    Io fo volar la fama appetitofa
    Della voſtra oneſtate.
Graz. Bontà di Maſtro Sozio.
M. Soz. Ed Elena non parla?
Elen. Eh laſciatemi ſtar.
Bell. Che cofa avete
    Signora mia? Un poco,
    Che quì tarda a venire Maſtro Sozio
    Subito andate in collera.
Graz. E poi ſai
    Per qual altra cagion ſe ne ſta in
    collera.
Elen. Tacete voi. Non voglio, che ſi ſappia.
M. Soz. Voglio ſaperlo.
Bell. Or ve lo dirò io.
    A credito ſi prefe l'altro giorno
    Certi naſtri, e fettucce da un mer-
        cante.
    E quel brama il contante.
M. Soz. Ecco il contante.
    Son quà dieci zecchini.
Elen. Oibò, non voglio
    Tanto intereſſe.
M. Soz. Prendi.
Bell. Eh preſto su. Non fate prender collera
    A Maſtro Sozio voſtro.
Elen. Quando è queſto;
    Li prendo con roſſor ſenza far motto.
M. Soz. (Or me la beverei dentro un
        decotto.)
    Dimmi, ferva fedel, Elena m'ama?
            Bell.

Erster Aufzug.

M. S. Ich streue den angenehmen Ruf eurer Ehrbarkeit überall aus.

Graz. Lauter Gütte Meister Sozio.

M. S. Redet die Helene nichts?

Hel. Lassen sie mich ruhig.

Bel. Was ist ihnen meine Frau? Weil der Meister Sozio nur ein Augenblick zu spät her gekommen ist, da sind sie gleich aufgebracht.

Graz. Und hernach weißt du warum sie noch bös ist?

Hel. Still. Ich will nicht, daß man dieses wisse.

M. S. Ich will es wissen.

Bel. Itzt will ich es ihnen sagen. Sie hat letzthin bei einem Kaufmann gewisse Bänder auf Kredit genommen, und itzt möchte er gern sein Geld haben.

M. S. Da ist das Geld, da sind zehen Dukaten.

Hel. Behüte mich Gott! So interessirt mag ich nicht seyn.

M. S. So nimm.

Bel. Nu, hurtig: machen sie ihren Meister Sozio nicht bös.

Hel. Wenn es so ist so nehme ich es schamroth, und ohne weiteren Widerspruch.

M. S. (Itzt möcht ich sie in einer Brühe einnehmen.) Sage mir du getreue Dienerinn. Helene liebt sie mich?

B   Bel.

Bell.. Un poco, che tardate,
 Dice fra sè. Chi sa se qualche sega
 Gli ha spezzata la fronte?
 Chi sa, se gli andò addosso
 Un carro di legname?
 Chi sa, se mai si è data
 Qualche lima alla pancia?
M. Soz. Cara la mia Bellonia, or son beato;
 Giacchè mi consolasti: ecco un Ducato,
Bell. Ecco qua rossa rossa, che ancor io
 Per servrivi lo prendo.
M. Soz. Gran rosso in questa casa, Io mi figuro
 Ne sian pieni i burò. Elena cara
 Dimmi qualche cosetta.
Graz. Or dirò io
 Ciò che Elena infelice
 Dir vorrebbe col cuor; ma non lo dice.
 Dir vorrebbe la meschina
  Che per voi si sente al core
  Un soave pizzicore,
  Un continuo martellar.
Elen. Non dir altro, mia cugina,
  Che mi fai già vergognar.
Bell. Senza voi la poverella
  Quando sta quelle poch'ore;
  Perde affatto il suo colore,
  Semper smania in verità.

        Elen.

Erster Aufzug.

Bel. Wenn sie nur ein wenig über die Zeit ausbleiben; da denkt sie sich: Wer weiß, ob keine Säge ihm die Stirne zerschmettert hat? Wer weiß, ob eine Fuhr Holz auf ihn nicht gestürzt ist? Wer weiß, ob er sich keine Feile in den Bauch gestossen hat?

M. S. O meine Liebe Bellonia! itzt bin ich glücklich; weil du mir diesen Trost gegeben hast, so da hast du einen Taller.

Bel. Sehen sie, ich nehme ihn auch um ihnen gehorsam zu seyn, und ich bin ganz roth dabei.

M. S. Die rothe Farbe ist in diesem Hause sehr häufig. Ich glaube, es müssen alle Kästen damit angefüllt seyn. Meine liebe Helene, so sage mir etwas.

Graz. Nun will ich ihnen sagen, was die unglückliche Helene gern sagen möchte; und sie doch nicht sagt.

Die Unglückliche möchte gern sagen, daß sie wegen ihnen ein süsses Kitzeln, und ein immerwährendes Klopfen im Herze fühlt.

Hel. Sage du nichts mehr liebe Base, du machst mich schon schamroth.

Bel. Wenn die Arme die wenigen Stunden weit von ihnen ist, da verlieret sie ihre Farbe, sie ist immer voll Unruh, es ist wirklich wahr.

Elen. Sta un pò zitta pazzarella,
Che ti batto in verità.

M. Soz. Seguitate, mie dilette,
Che vi vo' per guiderdone,
Due fmaniglie, un mantiglione,
Sei cuffiette regalar.

Elen.
Graz. à 3. (Più merlotto, più buffone,
Bell.   Più bagiän non fi può dar.)

Graz parte.

SCENA III.

Maftro Sozio, Elena, e Bellonia.

M. S. Bellonia va in cucina
El. Non ci lafciar di vifta-)

(*piano fra effe entra*

Bell. Lafciatevi fervir.
El. Per divertirmi
Tratto coftui ei viene
Per fin di matrimonio, ed io procuro
Di farlo raveder, pria che il cervello
Affatto al poverin non dia di volta
M. S. Elena mia.
El. Cosa volete?

M. S.

Hel. Sey still du Thörichte, ich prügle dich, so wahr ich lebe.

M. S. Fahret ihr nur fort meine Geliebten, ich will euch zur Belohnung ein Paar Armbänder, einen Mantel, und ein halb Dutzet Hauben geben.

Hel.
Graz. } in 3. (Es kann kein größerer Gimpel, kein größerer Dummkopf,
Bel.   und kein so einfältiger Mensch auf der Welt seyn.)

(Graz. geht ab.)

Dritter Auftritt.

M. Sozio, Helene, und Bellonia.

M. S. Bellonia, gehe du in die Kuchel.
Hel. (Verliehre mich nicht aus dem Gesicht.)
Bel. (Lassen sie sich bedienen.)

(sie geht hinein.)

Hel. (Bloß zu meinem Zeitvertreibe gehe ich mit diesem Manne um. Seine Absicht ist mich zu heirathen; ich gebe mir alle Mühe, um ihn wiederum zur Vernunft zu bringen, ehe noch der arme Narr ganz verrückt wird.)
M. S. Meine liebe Helene.
Hel. Was wollen sie?

M. Soz. Afcolta
　　　Io voglio in primo capitus
　　　Saper, fe mi vuoi bene
Elen. Oh che parola
　　　Auete detta!
M. Soz. Or vìa con me fei fola
　　　Non ti pigliar vergogna, ne guardare
　　　Che in volto mia diletta,
　　　Abbia qualche rughetta,
　　　Che poi vecchio non fon, quanto
　　　　　mi credono
　　　Guardami un po, fon ritto,
　　　Che fembro un' alabarda
　　　Vedimi caminar.
El. 　(Che matto!)
M. S. Dammi
　　　La mano.
El. 　Oibo...
M. S. La voglio in ogni conto
　　　Non vi è neffun: Fa prefto
El. 　Eccola,
Bel. Signora, che volete nel brodo
　　　Cicoria, o pur boragine.
M. S Mettici boragine, e va in malora
　　　E così feguitate
　　　Nè mi vuoi bene
El. 　E di qual bene voi mi ragionate
M. S. Di quel bene col quale
　　　S' aman gl' innamorati.
El. 　A tal propofito....
　　　Sappiate... ch'io
M. S. Che cofa?.. parla prefto
　　　Che già crepo d'amor.　　　*El.*

Erster Auftritt.

M. S. Höre mich an: Ich will vor allem andern wissen, ob du mich wohl willst.

Hel. O was haben sie dann geredet?

M. S. Nu, nu; itzt bist du mit mir allein, schäme dich nicht, scheue dich nicht, meine Liebe; denn ob ich gleich hin und wieder in meinem Angesichte einige kleine Runzeln habe, so bin ich doch nicht so alt, als man glaubt. Betrachte mich ein wenig, ich bin grad, wie eine Hellebarde. Betrachte meinen Gang.

Hel. (Das ist ein Narr!

M. S. Gieb mir die Hand.

Hel. O beileibe nicht —

M. S. Ich wills durchaus haben, es ist niemand da: Hurtig.

Hel. Da ist sie.

Bel. Was schaffen sie in der Brühe; Cicorie, oder Burrätsch?

M. S. Lege Burrätsch darein, und gehe zum Plunder. Und so, fahren wir fort; hast du mich nicht lieb?

Hel. Wie verstehen sie dieses Liebhaben.

M. S. Ich verstehe so lieb haben, wie es unter den Verliebten geschieht.

Hel. Hiezu — sie sollen wissen — daß ich —

M. S. Was dann? — So rede geschwind, Ich berste schon vor lauter Liebe.

El. Sappiate che io..
Scóstatevi,.. la serva
M. S. Oh Diavolo! subissala
Bel. (*torna*) Mia Signora gli uccelli
Li volete arrostiti, o nel tegame
El. Come vuoi.
Bel. Che dite?
El. Ho detto come vuoi.
Bel. Non vi sento.
M. S. Ha detto vel tegame
Adesso l'hai sentito? oggi t'ammazzo
Bel. Ch'urli misera me! siete voi pazzo?
 Poiche lei così comanda
 Più non fiato è me ne vò.
 State zitto, non gridate.
 Perdonate, perdonate
 Si signore men andrò.
 Ma lasciate pria ch'io baci
 Quella morbida manina:
 Soccorrete signorina
 Mi vorrebbe maltrattar
  Come sbuffa, brutta faccia
 Collá testa mi minaccia,
 E lo sento brontolar,
 Ma pian pian mi vò accostar
  Mio signore, Padroncino
 Deh crudel con me non siate,
 Non mi fate spasimar.
  Ah il pregar a nulla giova,
 E perdon oddio non v'è.
 Una donna non si trova
 Sfortunata al par di me.
M. S. Fantaccia birbantissima! Di adesso
Cara, quel che hai da dirmi.   *El.*

Erster Aufzug.

Hel. Sie sollen wissen, daß ich — Entfernen sie sich — die Magd —
M. S. O Teufel! hohle sie doch einmal.
Bel. Schaffen sie die Vögel gebraten, oder im Tiegel?
Hel. Wie du willst.
Bel. Wie sagen sie?
Hel. Wie du willst, habe ich gesagt.
Bel. Ich höre sie nicht.
M. S. Im Tiegel, hat sie gesagt. Hast es nun gehört? Heut bringe ich dich noch um.
Bel. O weh! was für ein Gebrüll! Sind sie närrisch geworden? Weil sie so befehlen, so rede ich kein Wort mehr, ich geh fort. Seyn sie still, schreyen sie nicht. Ach verzeihen sie mir doch! Ja Herr, ich gehe fort.
Doch erlauben sie mir, daß ich jene kleine zarte Hand küssen darf: Helfen sie mir meine Frau, er wollte mich gern mißhandeln.
(O wie er schnaubt, was für eine wilde Mine! Er drohet mir mit dem Kopfe, und ich höre ihn brummen. Doch ich will langsam hinzutreten.
Mein schöner Herr, so seyn sie mit mir nicht grausam, lassen sie mich nicht verschmachten.
Ach es hilft kein bitten, es ist für mich keine Verzeihung zu hoffen. Es ist in der Welt keine so Unglückliche Person, wie ich. (ab)
M. S. Du schlechte, boshafteste Magd! Sage mir nun meine Liebe, was du mir sagen wolltest.

B 5   Hel.

El. Ma potria vénir gente
M. S. Non vi è neſſun, carina.
El. Laſciatemi veder.
M. S. Guarderò io ſteſſo
    Non mi far più penar.
El. Con ſuo permeſſo.   (*parte*)
M. Saz. Mi laſciò come un aſino.
  Io ſarei per giurar, che la tiranna
  O non m'ama, o mi burla, o pur
      m'inganna
  O donne bricconcelle, un Arſenale
  Voi ſiete tutte quante
  Di ſpiriti folletti; chi più v'ama
  Vi fá la corte, e più vi ſtà d'intorno
  Non sà quando ſia notte, e quando
      è giorno
    Una lanterna magica
    Voi ſiete donne care
    Che coſe belle, e rare
    Vedere ci ſi fate.
    Ma ſpeſſo le cangiate
    Con tanta maeſtria
    Che in noi la fantaſia
    Confuſa ſempre ſta.
Adeſſo ci moſtrate
    Di mare una tempeſta,
    Adeſſo una gran feſta
    Che rallegrar ci fa.
Vediamo un Parigino
    Poi ſubito Arlecchino.
    Madame Pimpinelle,
    Monſiù le Macherone,

Erster Aufzug.

Hel. Es könnten Leute kommen.
M. S. Es ist niemand da, mein Herz.
Hel. Warten sie, ich muß sehen,
M. S. Ich will selbst sehen, martre mich nicht länger.
Hel. Mit Erlaubniß.

(sie geht ab.)

M. S. Sie hat mich hier wie einen Esel allein gelassen. Ich wollte fast schwören, daß die Grausame mich nicht liebet, daß sie mich noch foppet, oder daß sie mich betrüget. O ihr verschmitzte Weibsbilder, ihr seyd eine Horde lauter Gespenster; Diejenigen, die euch am meisten lieben, diejenigen, die euch eine Hofstadt machen, und am meisten bei euch sich befinden, die wissen nicht wann Tag, oder Nacht wird.

O ihr Frauenzimmer ihr seyd wie eine Zauberlaterne, welche uns schöne, und seltsame Sachen zeigt. Allein selbe werden so oft und so meisterlich abgeändert, daß die Phantasey in uns immer verwirrt bleibt.

Bald zeiget ihr uns einen Meer-Sturm, und bald darauf eine grosse Feyerlichkeit, die uns aufmuntert.

Da sehen wir einen Petit maitre, und gleich darauf einen Arlequin, die Madam Pimpinelle, den Monsieur le Macherone, dann einen König auf
der

Il Re che va a la caccia,
Coviello col spadone
Carrozze che passegiano
La belle tuglierie
Cavalli, e fanterie
Larai Larai Larà
E la laterna magica
Variando sempre va.

SCENA IV.

Don Fabio in abito di Campagna, contrastando con più villani, ed un servo appresso che lo burla.

D. F. O questo è assalto. Caspita!
Finite poi le Ferie
Farò il contradittorio
Spedisco il perentorio
La causa vincerò.
(Ah, ah, cotesti Zammari
Mi credono un Dottor)
Io sono un saltibanco
Gia franco di parole,
Mi burlo i miei clientoli;
Imbroglio le figliuole;
E son dell' altrui tavole
L'eterno appoggiator.
Va: servo del Diavolo,
Non ridere in malor.
(Il servo ride, e burla D. Fabio.
Chiappin! Tu non sai niente del Civilibus.

Erster Aufzug.

der Jagd, den Coviel mit seinen
Spadon, hernach Kutschen welche
spaziéren fahren, dann die belle tuglierie, Reiter, und Infanterie, laran
tara pa ta. So wechselt die Zauberlaterne immer um.

Vierter Auftritt.

Don Fabio in einem Landkleide zänkt
sich mit mehreren Bauern, und ein
Bedienter, der ihn ausspottet.

Beim Teufel, dieß heißt einen Menschen an-
fallen! Wenn einmal die Ferien aus
sind, da gieb ich meine Klage ein, ich
lasse sie Peremtorie citiren, und da habe
ich den Prozeß gewonnen.
(Ha, ha, die Dummen Leute, Sie halten
mich für einen Rechtsgelehrten.)
Ich bin nichts als ein Gauckler, ich habe
ein gutes Mundstück, das versteht sich;
ich lache meine einfältigen Clienten aus,
ich richte allerhand Verwirrungen unter
den Mädchen, und ich bin bei fremden
Mahlzeiten ein steter Beisitzer. So gehe zum Plunder, verwünschter Diener,
und lache nicht.
(der Diener lacht ihn aus.)
Du elender Kerl! De civibulis weißt du gar
nichts. Ich bin itzt nicht mehr der alte
Fabie-

Io non fono oggi giorno
L'antico Fabietto Cavadenti;
Ma fon Dottore e porto in gola
  mezza
Libra di baccalà. Mi appella il foro
Magnifico Don Fabio Cartapecora.
Empimi ognor di lodi e fingi il
  pazzo
Oggi, che tra villani la mia tefta
Dottoral dà confulto, é fa gran cofe.
A noi: battimi un pò quefte fangole.
(il fervo gli pulifce le fcarpe, e parte)

SCENA V.

Maftro Sozio. e Don Fabio.

M. S. Benvenga il mio magnifico
  Utriusque Dottor Don Cartapecora
D. F. O caro il mio clientolo
  Ofculamini me. *(fi baciano)*
M. S. Alla perfine
  Decapitafti. Di un pò: in che ftato
  Sta la mia caufa col fignor Barone
  Triletti?
D. F. O Sozio caro
  La caufa era a buon termine; ma
    fubito
  Che ci aprj bocca io, fi perdè tonda.
M. S. Oh maledetto! e tu no'fofti accorto?
D. F. Ma che avevo da far, fe avevi torto?
M. S. Non più. Si fono moffi
  Gli altri miei creditori.
       D. F.

Tabieto der Zahnarzt; sondern ein Doctor, der in Mund einen halben Pfund Stockfisch steckt Die Gerichter nennen mich den Magnificus Don Fabio Cartapecora. Du mußt mich immer mit Lobsprüche überhäufen, und dich dumm stellen, itzt da mein gradirter Kopf den Bauern Rath giebt, und grosse Sachen zu Stande bringt. Aber: putze mir ein wenig meine Schuhe.

(der Diener putzt ihm die Schuh.)

Fünfter Auftritt.

Meister Sozio, und Don Fabio.

M. S. Seyn sie willkommen mein Hochgelehrter utriusque Doctor Cartapecora

D. F. O mein lieber Client, osculire mich.

(sie küssen einander.)

M. S. Du bist doch einmal gekommen. Sage mir ein wenig, wie geht es mit meinem Prözesse, den ich mit dem Herrn Baron Trilletti führe?

D. F. Mein theurer Sozio, der Prozeß ist recht gut gegangen; aber sobald ich ein Wort dabei geredet habe, so haben wir ihn grad verlohren.

M. S. Ey du verwünschter Mensch! Hast du dir nicht zu helfen gewußt?

D. F. Was hätte ich dann thun sollen, wenn du Unrecht gehabt hast?

M. S. Ist schon gut. Haben sich meine übrigen Gläubiger gerührt?

D. F.

D. F. Certo. Il mercante
T'hagia posto il sequestro
Sul magazin di tavole.

M. S. Oh che gran svergognazzo! e tu?

D. F. Ed io.
Caspita! mi portai
Dal Giudice, e parlai cotanto bene
Che a botte di risate
Fini il contradittorio. Ebbi ragione
Da trenta e piu persone.

M. S. O gran Don Fabio
Ti ringrazio: Ecco un bacio.

D. F. Solo il Giudice
Mi die torto peró, e in dies quatuor
Disse per conclusione,
Che por si deva alla licitazione.

M. S. Come? e che! e tu diavolo eri morto?

D. F. Ma che avevo da far, se avevi torto.

M. S. Ed io perche ti pago?
Acciocche mi difenda con il torto;
Perchè quando hó ragione,
Son dottor ancor io caro Padrone.

D. F. Non alterarti, che rimedieremo.

M. S. Sia pur come si sia,
Parliam d'un altro affar che piu mi
preme.

Io

D. F. Das ist gewiß. Der Kaufmann hat schon deinen Brettermagazin sequestriren lassen.

M. S. O Pfui Schande! Und du?

D. F. Und ich, potz Blitz! ich bin gleich zum Richter gegangen; ich habe mich auch so gut gehalten, daß die Tagsatzung mit lauter Lachen sich geendiget hat. Es haben mir über dreyßig Personen Recht gegeben,

D. F. Der Don Fabio ist halt ein grosser Mann! Ich danke dir: da hast du einen Kuß.

D. F. Der einzige Richter war dabei, der mir Unrecht gegeben hat, und zum Schluße hat er gesprochen, daß der Magazin in dies quatuor licitirt werden soll.

M. S. Wie? was? Zum Teufel warst du dann todt?

D. F. Was hätte ich dann thun sollen, wenn du Unrecht gehabt hast?

M. S. Wofür bezahle ich dich dann? damit du mich damals vertheidigest, wenn ich Unrecht habe; denn wenn ich Recht habe, da bin ich auch Doktor mein lieber Herr.

D. F. Sey nicht bestürzt, wir werden es schon vermitteln.

M. S. Es sey nun wie es will, wir wollen von einem andern Geschäfte reden, welches mir noch mehr am Herzen liegt. Ich

Io mi trovo incappato d'una bella
Bellissima beltâ; ne dal suo bello
Il mio cor potra far mai ritornello.
Del suo amor sono in dubbio; onde vorrei
Da te qualche consulta.
D. F. Io ti direi.
Fiat perquisizio
M. S. Che roba é perquisizio?
D. F. Tu cleati, io mi porto ad essa Lei
Le fò saper, che bramo amoreggiarla.
Se mi tira un pianello
Segno é che ti é fedele, e allora ingrassa.
Sepoi dice d'amarmi voga, e passa
M. S. Cosi farem bravissimo
Il mio Jurisconsulto arcidottissimo.
(partono.)

Erster Aufzug.

bin in eine schöne, ja in eine sehr schöne Schönheit verliebt, so zwar, daß mein Herz sich nicht mehr wird befreyen können. Ich zweifle, ob sie mich liebt, dahero möchte ich von dir einen Rath haben.

D. F. Ich wollte dir einrathen: fiat perquisitio.

M. S. Was ist das perquisitio?

D. F. Du sollst dich verborgen halten: ich werde zu ihr gehn, ich werde ihr meine Liebe vorschlagen; wenn sie mir eine Pantofel nachwirft, da ist es ein Zeichen, daß sie dir getreu ist, und da freue du dich. Wenn sie aber sagt, sie wolle mich lieben, da komme du in Vorschein.

M. S. So wollen wir thun, das war ein vortreflicher Gedanken mein hochgelehrtester Herr Doktor.

(gehn ab.)

SCENA VI.

Delizioso Belvedere praticabile, cinto di balconate ben guarnite di vasi d'aranci, e fiori, dal quale per vaste scalinate si viene ad uno spazioso lido di mare. In un lato bottega di Mastro Sozio con finestra praticabile come sopra.

Al suono di maestosa marcia approda uno sciabecco, sulla prora del quale si vedono varj Mori incatenati: a poppa dell' istesso banda, che Suona. Poi assistiti da Marinarj sbarcano a terra il Capitano D. Velardo, ed Anagilda.

Vel. Tiratevi in quel seno, che improvviso
  Voglio succeda ad Elena il mio arrivo
   (*entra lo sciabecco.*)
 Sta un po' allegra, Anagilda:
 Oggio dono farai d'Elena bella,
 Ch'io mi vengo a sposar, nè temer dei.
An. Ah! la causa questa é de' mali miei.
Vel. Come?
An. Se son vicina
 Cotanto al mio morir, convien ch'io sveli
  La causa che m'uccide. Io da quel giorno
    Che

Sechster Auftritt.

Ein angenehmes Belveder mit Terrassen umgeben, auf welchen viele Pomeranzen und Blumenstöcke zur Zierde dienen, von dannen man über geräumige Staffeln an ein weites Meerufer kömmt. Auf einer Seite die Werkstatt des M. Sozio mit einem Fenster.

Während einem majestätischen Marsche landet ein Schebeck an, auf dessen Vordertheil man verschiedene Mohren geschlossen sieht; auf dem Hintertheile desselben eine Bande, welche musizirt. Bald darauf mit Hilfe der Matrosen steigt Don Velardo, und Anagilde aus dem Schife.

Vel. Begebet euch in jenen Meerbusen.
(Der Schebeck geht hinein.)
Meine Ankunft soll der Helena unerwartet seyn. Sey lustig Anagilde, heut schenke ich dich der schönen Helene, welche ich mir zur Braut auserlesen habe Fürchte dich nicht.

An. Ach eben diese ist die Quelle meines Unglücks!

Vel. Wie so?

An. Weil ich meinem Tode so nahe bin, so will ich auch die Ursache davon entdecken.
An jenem Tage, da durch ihre Tapferkeit wir sammt unserem Schife versanken,

Atto primo.

Che il valor voſtro, roveſciando il legno.
Soſſopra ci mandò: gia colla morte
Lottava in mezzo all'onde, il voſtro braccio
Fu quel, che mi ſalvó. Tratti corteſi
Ebbi ſempre da voi, ſicche reſtai
Dal valoroſo mio liberatore
(Convien ch'il dica alfin) preda d'amore.
Vel. Giacchè ſiamo al propoſito. Confeſſo
Anch'io, bell' Anagilda,
Che tu niente mi ſpiaci; e il ciel voleſſe
Che ſcioglier ſi poteſſe
Un trattato Imeneo ſin da ſett' anni.
An. E reſiſte il mio core a tanti affanni.

SCENA VII.

D. Dalmiro, e detti.

D. D. Oh che Turchetta grazioſa, e cara!
Vi è del bello in quel volto e dell' oneſto
(Che diavolo di cera mi fa queſto!)
Vel. Che uom ſei tu?
D. D. Un galantuom, Signore.
Che gode il priuilegio
Di ſaper tutt'i fatti del paeſe.
Vel. Conoſci una Donna Elena?
D.

war ich unter den Wällen fast in dem Rachen des Todes. Ihr Arm war es, der mich rettete. Sie waren immer höflich mit mir, bis endlich (ich muß es gestehen.) eine heftige Liebe mein Herz gänzlich meinem ganzen Befreyer unterwarf.

Vel. Weil wir eben von diesem reden, so gestehe ich auch schöne Anagilde, daß du mir gar wohl gefällst, und ich wünschte von Herzen, daß ich von einer Ehe, die schon vor sieben Jahren verabredet wurde, mich befreyen könnte.

An. Kann wohl mein Herz so viele Aengsten ausstehn!

Siebenter Auftritt.

Don Dalmiro und die Vorigen.

Dal. O was für eine artige und reizende Türkinn! Sie hat viel schönes une ehrbares in ihrem Angesichte, (Was Teufel macht mir der für ein Gesicht!)

Vel. Was bist du für ein Mensch?

Dal. Ein ehrlicher Mensch mein Herr, der berechtiget ist alles zu wissen, was im ganzem Lande vorgeht.

Vel. Kennest du eine gewisse Donna Helena?

Atto primo.

D. D. Belfiore?
Vel. Questa.
D. D. Sì mio Signore.
An. Ogni qualvolta
    D'Elena parlar sento
    Si raddoppia nell'alma il mio tor-
               mento
Vel. Cosa fa?
D. D. Da più anni
    Sta con una sua serva e una cugina
    Trattando un certo vecchio faleg-
               name
    Che ha desio di sposarla.
Vel. Un vecchio falegname?
D. D. Che si appella
    Mastro Sozio
Vel. Pulito!
An. (Non mi spiace
    Per or questa notizia.)
                          Vel.
Vel. Non mi sai dir di più?
D. D. Sì: con malizia
    Sta aspettando la morte
    Di un tal Maltese Capitan Velardo
    Per potersi far sposa al falegname.
Vel. Dove abita?
D. D. Cotesto
    E' appunto il belveder della sua casa
Vel. Non voglio saper altro.   (*furibondo*)
D. D. Voi gridate?
An. Cosa avete, Signor?   (*gridando*)
Vel. Quando vedrete

Erster Aufzug.

Dal. Belfiore?
Vel. Eben diese.
Dal. Ja mein Herr.
Un. Allemal wenn ich etwas von Helene höre, so wird meine Pein noch einmal so groß.
Vel. Was ist geschehen?
Dal. Sie wohnt seit vielen Jahren mit einer Magd und mit ihrer Base, und sie hat mit einem alten Zimmermann einen Umgang, der sie gern heirathen möchte.
Vel. Ein alter Zimmermann?
Dal. Welcher Meister Sozio heißt.
Vel. Es geht nicht übel.
Un. Diese Nachricht ist mir indessen nicht unangenehm.
Vel. Weißt du sonst nichts anderes?
Dal. Ja: Sie wartet boshaft auf den Tod eines gewissen Kapitain Velardo, um den Zimmermann heirathen zu dörfen.
Vel. Wo wohnt er?
Dal. Eben dieser ist der Prospeckt seines Hauses.
Vel. Itzt brauche ich nichts anderes zu wissen.

(zornig.)

Dal. Sie schreyen?
Un. Was ist ihnen mein Herr?
Vel. Sie werden es schon erfahren, da sie das Blut häufig fliessen sehen werden.

A fiumi il sangue correre il saprete.
Tanto ascolto, e non mi fiacco
  Qui la testa col mio stocco?
  Quest' assalto, quest' attacco
  Questo blocco a me si dà?
.Infelice chi si vuole
Delle femine fidar!
Per la rabbia batterei
In quel mur le mie ganasse
Un rumor, eterni Dei!
Sento in petto di carcasse
E una tromba in mezzo all' ira
Che mi accende, che mi abbaglia
Par mi chiami già in battaglia
Quest' offesa a vendicar
           (*parte con Anagilda*)

D. D. Una dozzina di caffè ci gioco
  Che se matto non è, ci manca poco.
           (*parte*)

SCENA VIII.

Mastro Socio, Don Fabio, e poi Elena dal Belvedere.

M. S. In questo Belveder suole venire
  Qualche oretta del giorno a pernottare
  La mia cara Donn' Elena.
D. F. In vederla
  Subito va in esilio tu di qua.
                     M. S.

Erster Aufzug.

Ich höre alles dieses, und ich zerschmettere mir nicht meinen Kopf mit einem Dolch? So greift man mich an, so bloquirt man mich? O wie der unglücklich ist, der sich auf ein Frauenzimmer verläßt! Ich möchte vor Zorn meinen Kopf an jene Mauer schlagen. Ewige Götter! ich fühle in meinem Busen einen Karkassen=Knall, mein Herz ist von einem heftigen Zorn eingenommen, und es scheint mir, als ob ich einen Trompetenschall hörte, der mich zum Kampf auffodert, und zur Rache reizt.

(geht ab mit Anag.)

Dal. Ich wette ein Dutzet Koffee darauf, daß wann er nicht schon unsinnig ist, doch sehr wenig dazu fehlt.

(geht ab)

Achter Auftritt.

M. Socio, Don Fabio, hernach Helene aus dem Belvedere.

M. S. Meine theure Donna Helena pflegt in diesem Belvedere zuweilen eine Stunde des Tages zuzubringen.

D. F. So bald du sie siehst, packe dich fort.

M. S.

M S. Sicuro; e che fon pazzo?
A nafcondermi andrò fulla fineftra
Della Bottega mia

D. F. Foffe colei?

M. S. E quella, io mi afcondo:
Tratta bene il negozio.

D. F. (Vorrei fare la burla a maftro Sozio)
Vi fon fervo Signora.
(Mi guarda e par che penfi)
Come vuol il douer la convenienza
Vi faccio una profonda riverenza.

Elen. O quanto è graziofo!
Convien che corrifponda *(riverifce anch' effa.)*

D. F. Zitto, che la Signora
Si piega bene affai. L'ho già incappata.

M. S. (Eh Don Fabio, Don Fabio quel vifetto
Come ti fembra?) *(non veduto da Elena)*

D. F. (Bello
Senza appellazione.)
E così? Sta a goderfi
Un po' quefto venticchio marinevole?

El. Certo lo fto a goder. Quant' é piacevole!

D. F. Ride. Giuro all' occhial di Farinacio
Che

Erster Aufzug.

M. S. Das ist richtig; da bin ich gewiß so dumm! Ich werde mich in meine Werkstatt begeben, und mich auf dem Fenster verbergen.

D. F. Ist vielleicht die?

M. S. Die ists; itzt verberge ich mich: laß dir die Sache angelegen seyn.

D. F. (Ich möchte den M. Socio hinter das Licht führen.) Dero Diener Madame. (Sie schaut mich an, und scheint in Verlegenheit zu seyn.) Ich mache ihnen eine tiefe Verbeugung, wie es meine Pflicht und der Wohlstand fordert.

Hel. (O wie er artig ist! Ich muß mit ihm ein gleiches thun.)

(sie neigt sich auch.)

D. F. Still, sie erkläret sich vortreflich. Ich habe sie schon auf der Leimruthe.

M. S. (Wie gefällt dir das Gesicht Don Fabio?

(ungesehen.)

D. F. (Schön, durchaus schön.) Und so? schöpfen sie hier das sanfte Meerlüftchen?

Hel. Freylich schöpfe ich es. Es ist aber auch sehr angenehm!

D. F. (Sie lacht.) Ich schwöre beym Pluto, daß mein schelmisches Angesicht sie gleich in sein Netz gezogen hat.

M. S.

Che il mio viso briccon l'incappò
            presto.
M. S. Don Fabio come va?
D. F. Non auer fretta.   (*piano fra essi*)
El. Ma perche tanto tanto mi guardate?
D. F. Perchè faccio pensier questa mattina
   Di cenare con lei.
El. Ah voi burlate.
D. F. Oibò. Non burlo. Amore . . .
El. Ohime! che vedo? il vecchio
   Sta il tutto ad osservar. Or con
            bel modo
   Eviterò il discordine.
D.F. E tornando
   Ora a coppe, mio ben, io son cau-
            sidico.
El. Ci ho piacer.
D. F. Ma sappiate
   Che noi tribunalisti
   Sogliamo far l'amore
   Cum effectu preciso, e perentore.
El. (All' arte) Malcreato
   Io non so, chi mi tien che non ti
            tiri
   Uno di questi vasi sulla fronte.
   Son vedovetta onesta: ad uno solo
   Ho giurato il mio affetto;
   E questro é mastro Sozio. Eccotel
            detto.

                              D. F.

Erster Aufzug.

M. S. (Don Fabio wie gehet es?)

D. F. (Habe ein wenig Geduld.)

Hel. Warum schauen sie mich so immer an?

D. F. Weil ich mir vorgenommen habe, diesen Morgen mit ihnen zu nachtmahlen.

Hel. Ha sie scherzen.

D. F. Behüte mich Gott! Ich scherze nicht. Die Liebe...

Hel. (O weh mir! was sehe ich? Der Alte hört und sieht alles zu. Itzt will ich auf eine schöne Art alle Unordnung abwenden.)

D. F. Mithin mein Schatz, um auf unsere vorige Rede zu kommen, ich bin ein Advokat.

Hel. Das freuet mich.

D. F. Aber dieses muß ich ihnen sagen: Wir Gerichtspersonen pflegen nur mit einem sicheren Erfolge zu lieben.

Hel. (Zur Kunst.) Du unartiger Bengel, ich weiß nicht was mich zurück hält, daß ich dir nicht einen von diesen Blumentöpfen am Kopf werfe. Ich bin eine ehrliche Wittwe. Nur einem habe ich meine Liebe versprochen, und dieser ist der Meister Sozio. Hast es verstanden?

D. F.

D. F. Oh diavolo! E che tu non mi vuoi
     bene?
El. Affatto, affatto.
D. F. Ed io
     Pigliato avea cipolle
     Per fichi, e per meloni. Perdonate
M. S. Brava! Viva la mia
     Stella del Polo Antartico. Or ſicuro
     Son che una donna ſol ſincera, e
           bella
     Vanta il femineo ſeſſo; e tu ſei quella.
          (*entra per calare.*)
D. F. Come cor ſenza core
     E colle riverenze, e co' ſoſpiri
     Io non ho ricavato
     Nemmen un veniam ſcriba.
El. Forſennato
     Tu piaciuto mi ſei, ti adoro, e
           voglio
     Applicarmi con te. Ho finto ſdegno
     Perche li dentro aſcoſo
     Mi ſtava Maſtro Sozio ad aſcoltare
     Torna più tardi, che dalla mia
           ſerva
     Saprai tra poco i ſentimenti miei.
     Amami pur, che s'idel mio tu ſei.
     Pien d'affetto, e di deſio
     Al favor di dolce ſpe, me
     Il mio cor balzando vá;

E

Erster Aufzug.

D. F. O Teufel! Also liebst du mich nicht?
Hel. Ganz und gar nicht.
D. F. Und ich hatte Zwibeln für Feigen, und
Melonen angesehen. Ich bitte um Ver=
gebung.
M. S. Vortreflich! Es lebe mein Antarcti=
scher Polstern. Itzt bin ich überwiesen,
daß unter dem ganzen Weiblichen Ge=
schlechte eine einzige schön, und aufrichtig
ist; und die bist du.
(er geht hinein)
D. F. Wie so? Gefühllose, habe ich denn
mit allen meinen Verbeugungen, und
Seufzer nicht im geringsten etwas er=
halten können?
Hel. Du rasender Mensch! Du hast mir ge=
fallen, ich bete dich an, und ich will
mich mit dir verbinden. Ich habe mich
zornig gestellt, weil der Meister Sozio
dort drinnen verborgen war, und mir
zuhörte. Komme später wieder zu mir
du wirst bald von meiner Magd meine
Gesinnungen in Erfahrung bringen. Lie=
be du mich nur keck, du bist mein Ab=
gott.
Mein Herz hüpft mir voll Liebe, Verlangen,
und Hofnung im Busen. Ich werde dir,
mein Trost, getreu bleiben, und selbst
unter den Wiederwärtigkeiten und Müh=
seligkeiten werde ich fröhlich seyn.

D O

E fedele a te ben mio
Lieto ancora tra le pene
tragli affanni gioirà.
Stelle ingrate ah non potete
Più la pace a me turbar;
Dite voi, che amanti siete,
Se ho ragion di giubilar.

(*M. S. esce dalla sua Bottega*)

M. S. Magnifico utriusque, or che ne dici?

Fab. Brava. Viva la tua
Stella del Polo Antartico, or sicuro
Statti, che un sol quadrupede asinello
Vantano i territorj: e tu sei quello

M. S. Decanto il tuo trofeo che te ne par?

Fab. Il secondo sei tu Lucio Apuleo
(*partono.*)

SCENA IX.

Bellonia con foglio in mano, e poi D. Fabio.

Bel. A certi dati segni
Che ha detto, credo, sia costui
l'amico.

D. F. Ho rivoltato un vicolo
Per lasciar Mastro Sozio, e son tornato

Bel.

Erster Aufzug.

O Widriges Schickſal, du kannſt meine Ruhe nicht mehr ſtöhren; Wer in ſeinem Herze Liebe ſpürt, der ſoll urtheilen, ob ich nicht mit Recht frohlocke.

(M. S. kömmt aus der Werkſtatt.)

M. S. Hochgelehrteſter Herr utriusque, was ſagſt du itzt dazu?

Fab. Vortreflich. Es lebe dein ant arctiſcher Polſtern. Sey verſichert, unſere Gegend kann nur einen dummen Eſel, aufzeigen, und der biſt du.

M. S. Was hältſt du davon?

Fab. Ich beſinge deinen Sieg; du biſt ein anderter Lucius Apulejus.

(gehn ab.)

Neunter Auftritt.

Bellonia mit einem Briefe in der Hand, hernach D. Fabio.

Bel. Aus den Merkmalen, die ſie mir geſagt hat, ſo glaube ich, es wird dieſer ſeyn.

D. F Ich habe ein anderes Gäßchen genommen, um mich von dem M. Sozio los zu machen, und da komme ich wider zu

A quel viso, che il cor mi ha pro-
ceſſato.
Bel. Signor? Di grazia voſtra Signoria
Che uomo è?
D. F. Che uomo son? Uomo compoſto
Di carta, penna, calamajo, e in-
chioſtro.
Bel. E come vi chiamate?
D. F. Don Fabio Cartapecora.
Bel. Vi chiamate Don Pecoro?
D. F. No figlia,
Coteſti nomi non gli abbiam nel
foro.
Bel. Io mi chiamo Bellonia Zuccarello.
D. F. Bellonia Zuccarello? Ci ho pia-
cere.
Bel. Veniamo a noi, vi porto
Coteſta carta della mia padrona.
D. F. La tua padrona è quella,
Che ſta là ſopra?
Bel. Appunto.
Ecco finito ancora è queſt'imbroglio.
(parte.)

jenem Angesichte, welches meinem Herzen einen Prozeß aufgeworfen hat.

Bel. Herr? Sagen sie mir zur Gnade, wer sind sie?

D. F. Wer ich bin? Ich bin ein Mensch der aus Papier, Feder, Dintenfaß, und Dinte zusammen gesezt ist.

Pel. Wie ist ihr Namen?

D. F. Don Fabio Cartapecora.

Bel. Don Pecora heissen sie?

D. F. Nein meine Tochter, wir haben keinen solchen Namen beim Gerichte.

Bel. Ich heisse Bellonia Zukarello.

D. F. Bellonia Zukarello? Das freut mich.

Bel. Aber zu unserer Sache. Ich bringe ihnen dieses Blatt, welches ihnen meine Frau schickt.

D. F. Ist die deine Frau, welche dort oben wohnt?

Bel. Die ist es. Itzt hat diese Scheererey auch ein End.

(geht ab.)

SCENA X.

Don Fabio con foglio in mano, D. Velardo, che osserva, e poi Anagilda.

D. F. Ebben leggiamo dunque
   Il foglio ove sta scritto del mio
         cuore
   Il decreto a favor. Apertum fiat.
      (D. Velardo di dietro osser-
         va il carattere)

D. V. Oh! Diavolo! Che veggio?
   Son d'Elena i caratteri. Ribaldo
   Leggi forte quel foglio.

D. F. Ribaldo ad un dottor? Guarda che
         imbroglio!
   (E se questi è un suo amante?)
   Vedete . . . io non so leggere.

D. V. Come no? sei dottor, e non sa
         leggere?
   Leggo io. *(gli toglie il foglio nel*
      tompo, che giugne Anagilda)

An. (Che foglio farà quello?
   Che legge il Capitan? La gelosia
   Fa temermi gran cose.)

Vel. (Si vada a rinfacciarle il tradimento.)

An. O Ciel! Ei s'incamina
   Verso l'albergo della mia rivale,

Vel. Ma pria rilegger voglio
   Le sue malvagità . . .

                              An.

Zehenter Auftritt.

D. Fab. mit einem Blatt in der Hand,
D. Vel. welcher zuschaut, hernach
Anagilde.

D. F. Wohlan, lesen wir das Blatt, worauf der Bescheid zu Gunst meines Herzens geschrieben ist. Apertum Fiat.
  (D. Vel. betrachtet von hinten
  die Schrift.)

D. Vel. (Zum Teufel! Was sehe ich: Diese ist Helenens Handschrift.) Du Bösewicht lese laut jenen Brief.

D. F. Einen Doktor nennest du einen Bösewicht? (Sehe nun ein Mensch, was das für eine Verlegenheit ist. Wie wärs, wenn dieser von ihr ein Liebhaber wäre?) Sehen sie — Ich kann nicht lesen.

D. Vel. Wie so? Du bist ein Doktor, und kannst nicht lesen? So werde ich lesen.
  (er nimmt das Blatt, und Anagilde kömmt.)

An. (Was wird wohl das für ein Blatt seyn, welches der Capitain liest? Die Eifersucht macht, daß ich vieles befürchte.)

Vel. (Ich will zu ihr gehn, und ihr ihre Untreue vorwerfen.)

An. (O Gott! Er geht auf die Wohnung meiner Nebenbühlerinn zu.)

Vel. (Doch ich will ehe aus diesem Blatte ihre Bosheit erfahren —)

An.

An. Lascia quel foglio. (*nell'atto, che vuol leggere, Anagilda gli toglie il foglio.*)

Vel. Come?

D. F. (Oime! qui la causa
Si và viepiu imbrogliando. Vorrei fare
Colla gambe di là un'uscita sola.)
(*legendo.*)

An. ,, Vieni presto, e consola
,, Elena, che ti adora. Solo aspetta
,, L'agitato mio cor da te riposo;
,, E dipende da te farti mio sposo."
Barbaro! Dunque s'io
In tempo non giungevo, eri salito
A dare a lei la man? Perché vedendomi
Ti arrestati, crudel? L'opra compisci
Giacchè veder mi vuoi
Cader vittima e langue a piedi tuoi.

Vel. Oibò: Senti Anagilda.

An. Altro non sento
Che gli affanni del cor, che il mio tormento.
Jo non spiro, che rabbia, e veleno,
Ho di aletto le faci nel seno,
Di Megera le serpi hò nel cor.
Nò d'affanno quest' alma non geme

Ma

Erster Aufzug.

An. Laß dieses Blatt aus.
(sie nimmt ihm den Brief weg.)

Vel. Wie?

D F. O weh mir! Der Prozeß verwickelt sich immer mehr. Wenn ich auf der Seite dort entwischen könnte.)

An. Komm geschwind, und tröste die He=
„ lena, welche dich anbetet; (sie liest.)
„ Bloß von dir erwartet mein erschüt=
„ tertes Herz einen Trost. unsere
„ Verbindung hängt von dir ab. „
Grausamer! Wenn ich also nicht zu rechter Zeit dazu gekommen wäre, so wärest du bereit gewesen, ihr deine Hand dar zureichen? Warum bist du stehn geblieben, da du mich gesehen hast? So vollziehe dieses Geschäft, weil du mich vor dir erblassen sehen willst.

Vel. Beileibe nicht. Höre Anagilde.

An. Ich fühle sonst nichts als meine Herzensangst, und meine Pein. —
Bloß Wuth und Grimm beseelet mich; ich habe die Höllenfackeln in meinem Busen, und die Schlangen der Megera in meinem Herzen.
Nein es ist keine Angst, was meine Seele unterdrücket; sondern sie ra=

D 5   set

Ma delira, ma smania, ma freme
Tutta immersa nel proprio furor.
(parte)

SCENA XI.

Don Velardo, e Don Fabio.

Vel. Nè sentir mi hà voluto? Ove tu vai?

D. F. In Tribunal.

Vel. Che Tribunal? Ti devi
Meco duellar.

D. F. Oime!

Vel. Birbo ti voglio
Trucidare.. Ma nò.. farlo non posso
Perché spada non hai.

D. F. (Or prendo fiato)
Senti ringrazia Apollo
Che al fianco non hò ferro
Che ti vorrei fervar. Oh cospettaccio
Della mia magna curia!
A Don Fabio si fa cotesta ingiuria.

Vel. Questo di più? Ti ammazzerò per Bacco.

D. F. E batti un senza spada? Or sei vigliacco.

Vel.

Erster Aufzug.

set, sie tobet und knirscht ganz in in ihrer Wuth versenkt.

Eilfter Auftritt.

Don Vel. und Don Fabio.

Vel. Sie hat mich nicht anhören wollen? wo gehest du hin?

D. F. Vor Gericht.

Vel. Was für Gericht? Du mußt dich mit mir schlägen.

D F. O weh mir!

Vel. Schelm, ich will dich ganz zerhauen... Doch nein... Ich kann es nicht thun; denn du hast keinen Degen.

D. F. (Itzt erhole ich mich.) Höre mich danke dem Apoll, daß ich keinen Degen an der Seite habe, ich wollte dich sonst... Potz tausend Element! dem Don Fabio thut man eine solche Beleidigung an?

Vel. Alles dieses noch dazu? Beim Pluto ich bringe dich um.

(er geht auf ihn los.)

D. F. Du willst über einen gehen, der keinen Degen hat. Itzt bist du niederträchtig.

(Vel.

Vel. E' ver ſpada non porti, hai tu ragione

D. F. (Ebben giacche ho ragione)
Incalziam l'argomento) Sái ch'io ſono
Dottor per eſſer bravo? Ebbe ſen-
tore
Il Collegio di me: fé eſaminarmi
E trovandomi un grande ſpadatore
Mi ſpedì il privilegio di Dottore.

Vel. Sta qui, finche ſi trovi un' altra
ſpada.

D. F. (Veh veh! che guai del Diavolo!
vediamo
Di atterrirlo. Se poſſo
Prendere una charriera,
Voglio fargli veder, come un dot-
tore
Corre tre poſte in meno di due ore.)
Mio Signor mi ſcuſi lei
Il duello ſi farà.
Però ſappia ch'io nel core
Sérbo un petto ſi birbante
Che ardirei un elefante
A duello disfidar.
Io la ſcherma l'hò ſtudiata
Notte e di nel Calepino
E in volgare, e in latino
Le ſtoccate ſò tirar.
(Non c'è modo, non c'è modo
Di potermela ſbrigar.)

Io

Vel. Es ist wahr, du hast keinen Degen, du hast Recht.

D. F. (Gut, weil ich recht habe, so gehen wir weiter) Weißt du, daß ich ein Doktor bin, weil ich tapfer bin? Die hohe Schule hörte meinen Namen, ich wurde geprüft, und weil man fand, daß ich ein grosser Fechtmeister bin, so wurde mir mein Diplom ausgefolget.

D. V. Bleib du hier, bis ich noch einen Degen finde.

D. F. (Da habe ich es! was für eine verdammte Wäsche! Ich will sehen, ob ich ihn nicht mehr erschrecken kann. Wenn ich Luft bekomme, so will ich ihm zeigen, daß ein Doktor um drey Poststationen ganz auszulaufen, nicht zwey Stunde braucht.)

Mein Herr, verzeihen sie mir, der Zweykampf wird vor sich gehn. Denn sie müssen wissen, daß ich in meinem Herzen einen so stürmischen Busen habe, daß ich mich getreuen wollte einen Elephanten auf ein Duell aufzufodern. Die Fechtkunst habe ich Tag, und Nacht im Wörterbuche studiert, und ich kann jeden Stoß sowohl auf Lateinisch, als auf Deutsch anzubringen. (Es ist gar nicht möglich, mich aus der Verlegenheit zu ziehen.) Ich kann mich mit der Faust weit besser, als der Cicero umschlagen, und

Stei=

Io dò pugni a volta braccio
Meglio affai di Cicerone
E più fermo di Cujaccio
Le faffate fò volar.
Son tremendo alle cozzate
A dar fgrugni anc or fon dotto.
E poi vedi a mezzo trotto
Se fon forte a caminar
Non Signor: di qua non parto
Circa a ciò fon uomo, e quarto.
M'hanno rotto le mie fpalle
Canne d'India in quantità.
Mio fignor mi fcufi lei
Il duello di farà. *(parte.)*

Vel. Anagilda è fedel: Elena è ingrata.
Ma fù de miei rivali or far mi af-
　　　petta
Del tradito amor mio fiera ven-
　　　detta.
　　　　　　　　　　(parte)

SCENA XII.

*Maftro Socio, e fuoi lavoranti; che efco-
no con ferri, e legnami a lavorare fuo-
ri, della bottega poi Elena, Grazina, e Bellonia nel Belvedere.*

M. S. Lavorate, garzoni miei belli,
Fatichiamo che al fuon di martelli
La mia bella fi deve affacciar
　　　　　　　　　　Coro

Erster Aufzug.

Steiner kann ich beſſer als der Cujacius werfen. In kopfſtöſſen bin ich fürchterlich; und mit dem Rüſſel ausſchlagen kann ich meiſterlich. Nun ſehe auch, wie ich in halben Trap laufen kann. (er will davon laufen, und Vel. hält ihn zurück.) Nein Herr, ich gehe nicht fort; in dieſem Stücke bin ich ein Ehrenmann; es ſind ſchon viel Spaniſche Röhre auf meinen Schultern zerbrochen worden. Mein Herr verzeihen ſie mir, der Zweykampf wird vor ſich gehn.

(geht ab)

Vel. Anagilde iſt getreu: Helene iſt undankbar; itzt ſteht es mir zu, an meinen Nebenbuhlern meine beleidigte Liebe zu rächen.

(ab)

Zwölfter Auftritt.

M. Sozio, und ſeine Geſellen, welche aus der Werkſtatt zur Arbeit kommen, jeder mit Werkzeuge, und Holzwerk in der Hand. Hernach Helene, Graz. und Bellonia in dem Belvedere.

M. S. Nur fleiſſig meine ſchönen Burſchen; arbeiten wir? wenn ſie den Hammerklang hören wird, ſo wird, meine Schöne aufs Fenſter kommen.

Chor.

Atto primo.

Coro. Fatichiamo &c.
El. Luci belle vezzoso tesoro,
Non più colpi, che questo lavoro
Anche amore nel petto mi fà
Caro. Fatichiamo &c.
Grez. A quei colpi sonori, e stridenti
Parche l'alma di già si ramenti
Quei bei colpi, che amor gli suoi
dar.
Coro. Fatichiamo &c.
Bell. Il martello che batte, e ribatte
Il rumore dell'onda, che batte,
Questa strada ci fa rimbombar.
Coro. Lavorate garzoni miei belli,
Fatichiamo, che al suon dè martelli
La mia bella si deve affacciar
(partono Bell e Graz)

SCENA XIII.

Mastro Sazio, Elena, e D. Fabio in dif- parte.

M. S. Su, Proserpiina mia bella,
Mia vezzosa cocodrella
Vieni Sozio a consolar.
El. Un tuo vezzo, una parola
Questo cor già mi consola,
Mi fa l'anima brillar.

D. F.

Erster Aufzug.

Chor. Arbeiten wir u. s. w.
Hel. O ihr schönen Augen, o mein reizender Schatz, schlage nicht mehr, denn die Liebe schlägt auch so in meinem Busen
Chor. Arbeiten wir u. s. w.
Graz. Wenn ich jene lauten, und knirrenden Hammerschläge höre, so scheint es als ob meine Seele an jenen Streichen sich erinnerte, die sie von der Liebe bekömmt.
Chor. Arbeiten wir. u. s. w.
Bell. Der Hammer, der zu wiederholten Malen schlägt, und das Brausen der ungestümen Wellen macht, daß diese Gasse erschallt.
Chor. Nur fleissig meine schönen Bursche. Arbeiten wir, wenn sie den Hammerklang hören wird, so wird meine Schöne am Fenster kommen.

(Bel. und Graz. ab.)

Dreizehnter Auftritt.

M. Sozio, Helene und D. Fabio auf der Seite.

M. S. Hurtig meine schöne, meine reizende Proserpina, komm und tröste den Sozio.
Hel. Ein einziges Wort von dir tröstet schon mein Herz, und erfüllet meine Seele mit Freude.

E   D. F.

D. F. (Maſtro Sozio colla bella
  Qui d'amor ora favella,
  Or mi voglio approfittar.)
  Afcoltate un fatto raro
  Qui fucceſſo poco fà

El.
a 2.   Narra il fatto Fabio caro.
M. S.

D F. Si da ridere farà.
  Un vecchietto innamorato
  Un po ruſtico e geloſo
  Stava accanto al bene amato
  Come Socio adeſſo ſtà,
  Un fuo amico lì arrivato
  Si frappoſe, e diſſe a quella
  Volgi a me la faccia bella,
  Laſcia il vecchio un pò crepar.

M. S. E l'amico?
D. F. Ad un cantone
  Il polmone ſtea a gonfiar.
a 3. Sù ridiam ah ah ah ah
D. F. In tal modo la manina
  Cara cara la ſtringea.
M. S. E l'amico?
D. F. Più fremea.
a 3 Su ridiam ah ah ah ah.
D: F. Poi con qualche foſpiretto
  Gli diceva io morirò

Elen.

Erster Aufzug.

D. F. (Der Meister Sozio ist in einem Liebesgespräche mit seiner Schönen; dieses will ich mir zu Nutzen machen.) Hören sie einen seltsamen Zufall, der sich hier kurz vorhero ereignet hat.

Hel.
M. S. } in 2 Erzähle uns diesen Zufall lieber Fabio.

D. F. Es ist wirklich zum lachen. Ein alter verliebter und ein wenig ungeschliefener, und eifersüchtiger Mann stund neben seinem geliebten Gegenstand, wie jetzt der M. Sozio. Es kam ein seiniger Freund dazu, er stellte sich mitten unter ihnen, wende dein schönes Angesicht zu mir, sagte er, lasse ein wenig den Alten vor Gall bersten.

M. S. Was sagte der Freund dazu?

D. F. Er war in einem Winkel vor Verdruß ganz aufgebleht.

in 3 Lachen wir ha, ha, ha, ha.

D F. Er drückte ihr so die milde zarte Hand.

M. S. Was sagte der Freund dazu?

D. F. Er ärgerte sich noch mehr darüber.

in 3 Lachen wir ha, ha, ha, ha.

D. F. Er sagte ihr hernach mit einem sanften Seufzer: ich werde sterben.

Elen. Oh che fatto graziofetto
  Che al mio genio fi adattò
M. S. Ma un tal fatto maledetto
  Come al fin fi terminò
D. F. Piano, oh bella! Lei fi offende
  Cofi termina l'intrico: (*a M. S.*)
  Quefta beftia dell'amico
  Come Lei, cofi gridò
a 3 Quefto fatto finche vivo
  A memoria fempre aurò.

SCENA XIV.

D. Dalmiro, detti, e poi D. Velardo

D. Salvatevi, fuggite;
D Adeffo l'ho appurato,
  E' giunto come un moftro
  Il Capitan Velardo;
  E vuol nel fangue voftro
  Del fuo tradito amore
  L'ingiuria vendicar
D. F. Signor appuratore
  Non dica, ch'io fon guà.
  (*fi nafconde fotto le grade del Belvedere*)
El. Ohime! confufa refto
  Chi aita mi darà? (*parte fub Bel.*)
M. S. Che brutto arrivo è quefto!
  Gran mal per me farà
      (*entra in bottega*)
            Vel.

Hel. O das ist ein artiger Zufall! Er kömmt mit meiner Denkungsart überein.

M. S. Aber wie ist dieser verwünschte Zufall ausgegangen?

D. F. Seyn sie doch gelassen, das ist doch närrisch! (zu M. S.) Sie finden sich beleidiget hiedurch. Der Ausgang war dieser: das Rindvieh von einem Freunde schrie eben so aus, wie sie.

in 3 Diesen Zufall will ich mir mein Lebtag merken.

Vierzehnter Auftritt.

D. Dalmiro, die Vorigen, hernach D Velardo.

Dal. Rettet ihr euch, fliehet ihr, itzt hab ich ihn ausgeforscht. Der Capitain Velardo ist wie eine Furie angekommen; er will seine beleidigte Liebe mit eurem Blut rächen.

D. F. Herr Ausspäher, sagen sie nicht, daß ich hier bin.

(er verbirgt sich unter den Staffeln des Belveders).

Hel. O weh! Ich bin verwirrt, wer hilft mir?

(sie geht ins Belvedere hinauf.)

M. S. Was das für ein garstiger Zufall ist! Da wird mir sehr übel gehn.

(er geht in die Werkstatt.)

Vel.

Vel. I miei rivali indegni
L'ingrata donna, e ria
Io vò per vita mia
Paſſar a fil di ſpada.
Neſſun mi tenga a bada
Mi voglio vendicar.

D. D. Con tutta ſegretezza
Io tel confido, amico,
Il vecchio tuo nemico
Li ſi ſerrò ben toſto,
L'altro rival naſcoſto
Sta ſottto a quella grada,
E la tua ſpoſa infida
Laſſù ſe la marciò

Vel. Tutti convien ch'uccida!
Si sfoghi il mio furor.

Elen.
M. S. Vi rendo mille grazie
a 3 Signor appurator
D. F.

Erster Aufzug.

Vel. So wahr ich lebe, es sollen meine niederträchtigen Nebenbuhler sammt dem undankbaren Weibe über meine Klinge springen. Es soll mich niemand hinderen, ich will mich rächen.

Dal. Freund ich sage es dir ganz geheim; der Alte, dein Feind hat sich da drin geschwind eingesperrt; dein anderter Nebenbuhler ist dort unter den Staffeln, deine ungetreue Braut aber ist da hinauf marschirt.

Vel. Ich muß alle umbringen, meine Wuth soll gestillet werden.

Hel.
M. S.   } Verbundesten, Dank. Herr
in 3   } Spion.
D. F.

SCENA ULTIMA.

Bellonia, Craziua dal Belvedere, poi Anagilda, e detti strada.

Graz. Tenetelo, tenetelo
Che in fen mi manca il cor.
Bel. Correte, genti, fubito
Tenete quello un pó
An. Ferma, ingrato, fe il tuo core
Gelosía così tormenta.
Per colei, che del tuo amore
Gioco, e fcherno ormai fi fá.
Egli é fegno manifefto
Che l'amore a me giurato
Hai tradito, abbandonato
Senz' auer di me pietà.
El. Come fei d'un altra amante?
Ed ardifci traditore
Di venire a me d'avante
Tutto il mondo a disfidar?
Va alla larga ingrato core,
Or del fatto non mi pento.
Tu con una, ed io con cento
Bramo fempre amoreggiar.
Vel. A me barbara . . .
M. S. Sta zitto
Che un fcalpello al cor ti paffo.
Ti trapaffo col compaffo:
Poi mi metto a martellar.
Zurri

Erster Aufzug.

Letzter Auftritt.

Bellonia, Grazine aus dem Belvedere, hernach Anagilde, und die Vorigen auf der Strasse.

Graz. Haltet ihn, haltet ihn, ich bin halb todt vor Furcht.

Bel. Leute laufet geschwind, haltet ein wenig den Menschen zurück.

An. Halt Undankbarer, wenn die Eifersucht dich so sehr wegen derjenigen quält, welche itzt deine Liebe verlacht, und verspottet, so ist es klar, daß du die Liebe, welche du mir mit einem Eide versprochen, verletzet, und mich ohne Mitleiden verlassen hast.

Bel. Was? du liebst eine andere, und du getrauest dich noch Verräther vor meinen Augen zu kommen, und die ganze Welt auszufodern? Fort Undankbarer, es reuet itzt mich nicht, was ich gethan habe; ich verlange nur einen Gegenstand meiner Liebe, du aber hundert.

Vel. Grausame, mir —

M. S. Halt das Maul, sonst stösse ich dir mit einem Stemmeisen das Herz durch, ich bohre dich mit meinem Kompaß, hernach brauche ich meinen Hammer

Zurri, zurri colla lima
Con quest'ascia tricche tracche
Segature, polve, e tacche
Di tua vita voglio far.

Vel. Io vo' dirvi . . .

Bel. E che vuoi dire?
Sei un furbo, un impostore,
Non hai petto, non hai core
Sembri un turco per mia fè.
E piuttosto una quartana
Sposerei doman mattino
Che sposar un malandrino
Un mal uomo come te.

Vel. Come indegna?

D. F. No aprir bocca
Che ti fabbrico il processo;
E fo dirti al tempo stesso
Veniant partes coram me.
Ti fo dir come ti tocca
Per decennio remigeto
E se appelli un po' il decreto
Vai le forche un po'a veder.

Vel. Ma mi par . . .

D. D. Mi par che lei
Abbia torto anche un tantino
Ho appurato io poverino
Quanto più potea appurar.
Or, che il fatto è differente
Che vuol lei, che faccia in questo?
Lasci un po', che appuri il resto
E poi venga a smanicar.

Vel.

Erster Aufzug.

über dich; zuri zuri mit der Feile, tik, tack mit der Art, ich will aus deinem Körper lauter Sägespäne, Staub, und Hobelschatten machen.

Vel. Ich will euch sagen —

Bell. Was willst dann sagen? Du Schelm, Leutbetrüger, du hast kein Herz, du siehst völlig einem Türken gleich. Ich wollte lieber das viertägige Fieber lebenslang haben, als einen Bösewicht, einen schlechten Menschen, wie du bist, heirathen.

Vel. Was, Unwürdige?

D. F. Rede du mir kein Wort, sonst werfe ich dir einen Prozeß am Hals, und ich lasse dich zu gleich zitiren, veniant partes coram me. Ich lasse dich auf die Galere verurtheilen, wie du es verdienst. Per decennio remigeto. Appellirst aber, da spazierst du gar zum Galgen.

Vel. Aber es scheint mir —

Dal. Mir scheint es, daß sie ein wenig Unrecht haben, ich habe ausgeforscht so viel es möglich war; nun aber, da der Fall ganz anderst ist, was soll ich dann thun? Lassen sie mich das übrige ausforschen. hernach kommen sie, melden sie sich an,

Vel.

Vel. Empia moglie . . . .
El. Non chiamarmi
Con tal nome, traditore,
Come, o Dio! potrò scordarmi
Di cotanta infedeltà?
E se allot per te nel petto
Ebbi idea di qualche amore,
Lo saprò per tuo dispetto
Si cambiarlo in crudeltà.

Vel. Ma che diavolo volete
Farmi andar in su il cervello?
Oh! se m'altero, un macello
Una stragge farò quà.
Questi alberghi maledetti
Voglio batter col cannone
E se il diavol mi si oppone
Anche il diavolo cadrà.

Tutti.

O che incendio! Oh che gran foco
Sotto terra ascoso sento!
Che avanzando a poco a poco
Gia principia a mormorar.
Poi gran colpo violento
Sbalza in aria con fracassi,
E fà tuoni fiamme, e sassi
Più terribile sparar.

AT-

Erster Aufzng.

Vel. Gottlose Gattinn —
Hel. Heisse mich nicht so, Verräther. O Gott! wie werde ich eine solche Untreue vergessen können? Wenn ich vorhin einige Liebe gegen dir in meinem Busen gefühlet habe, so werde ich selbe dir zu trotz in Grausakeit verwandeln.
Vel. Aber was Teufel, wollet ihr mir mein Hirn verrücken? Wenn die Galle in mir rege wird, so werde ich hier ein Blutbad anrichten. Ich will diese verwünschten Wohnungen mit Stücke beschiessen, und wenn der Teufel sich widersetzet, so muß der Teufel auch erlegt werden.

Alle

O was spüre ich für eine Feuersbrunst in der Erde eingeschlossen! Sie kömmt nach und nach weiter herzu, und fängt schon zu rauschen an.
Bald darauf bricht es mit einem Gepraßel aus; es donnert, es schiessen schreckliche Flammen, und Steiner heraus.

Ende des Ersten Aufzugs.

ATTO SECONDO.

SCENA PRIMA.
D. Dalmiro, poi Bellonia, indi Grazina.

D. D. Qui tutto stà in silenzio.
Son curioso di saper, qual esito
La riffa abbia prodotto.
Bel. Se oggi arriva il novel Governatore
Dobbiam far la querela, e Maftro Sozio
Le spese pagherà
D. D. Certo, così và ben, che fi quereli
Quell' indomita belva.
Bell. Solo per causa tua, fer ficcanaso
Or ora ci toccavan baftonate
Graz. Viva il bel galantuom dell' imbasciate
D. D. Adagio. Io non fui quello
Ch'elena avvisai dell'improvvisa
Venuta di Velardo? Alla perfine
Son vostro amico. Adoro
Donna Grazina, e voglio
Farla Signora.
Graz. Piano. Qui stà l'imbroglio.
Grazina del suo core
Non dà parte a nessun, o mio Signore.

E

Zweyter Aufzug.
Erster Auftritt.

D. Dalmiro, hernach Bellonia, dann Garzina.

Dal. Hier ist alles still. Ich möchte gern wissen, was das Gezänk für ein End genommen hat.

Bel. Wenn der neue Gouverneur heute ankömmt, so bringen wir die Klag bei ihm an, und M. Sozio wird die Unkösten tragen.

Dal. O meine Liebe, so ist recht, klagen muß man das unbändige Thier.

Bel. Bloß deinetwegen, du Spürhund, wären wir bald geprügelt worden.

Graz. O gehorsamste Dienerinn Herr Postenträger.

Dal. Langsam. Bin nicht ich gewesen, der die Helene von der unverwarteten Ankunft des Don Velardo benachrichtiget hat? Wenn man es recht betrachtet, ich bin doch euer Freund. Ich bete die Grazina an, und ich will sie zu einer Gnädigen Frau machen.

Graz. Nur langsam drein. Da steckt es, Grazina theilt ihr Herz niemandem mit, mein Herr.

Voi donne poverine,
Tapine sfortunate
Appena siete nate
Che avete da penar
Disgrazie da bambine,
Strapazzi grandicelle;
E de l'età sul fiore
O siate brutte o belle
Il maladetto amore
Vi viene a tormentar.
Oh donne poverine
Meglio saria per voi
Non nascere, a morir.
(parte.)
Bell. Se non ti poni a segno colla lingua
Un dì colle mie mani te gli suono.
(parte.)
D. D. Taci, vil feminuccia. Io son chi sono.

SCENA II.

D. Dalmiro, e D. Velardo.

Vel. Non fia ver, che l'idea
Della vendetta mia ponga in obblío.
D. D. O caro amico, addio.
Vel. Hai qualche cosa
Da dirmi?
D. D. Senti, senti:
Gran novità vi sono. Elena affatto
Per sposo non ti vuole. A querelarti
Andrà al Governator di questo loco,
Che

Zweyter Aufzug.

O ihr arme, elende, unglückliche Weibsbilder! kaum seyd ihr gebohren, so lebet ihr schon in Martern; Als unmündige Kinder seyd ihr allerhand Unglücksfällen unterworfen, wenn ihr ein wenig erwachsen seyd so müsset ihr Beschwerlichkeiten ausstehn; und in eurem blühenden Alter, ihr möget schön, oder wild seyn, werdet ihr von der Liebe geplagt.

O ihr armen Weibsbilder, es wäre für euch besser, wenn ihr nie gebohren, oder wenn ihr gleich gestorben wäret. (geht ab.)

Bel. Wenn du deine Zunge nicht in Zaum hältst, so theile ich dir noch einmal mit meinen Händen ein Paar hinter den Ohren aus. (geht ab.)

Dal. Schweige du niedriges Weiblein, ich bin, der ich bin.

Zweyter Auftritt.

D. Dalmiro und D. Velardo.

Vel. Es wird nie wahr seyn, daß ich meiner Rache entsagen soll.

Dal. Grüsse dich der Himmel theurer Freund.

Vel. Hast du was mir zu sagen?

Dal. Höre nur: es giebt eine Menge Neuigkeiten. Helena mag dich ganz und gar nicht. Sie wird dich bei dem hiesigen Gouverneur verklagen, den sie erwartet.

Che aspettando si stà. Il falegname
Pagherà i dritti.

Vel. O Diavolo!
Tanto basta a tirarmi nell'impegno?
Si ha qua contezza alcuna di cotesto
Governator?

D. D. Nessuna: ma si dice
Che è un militar. La residenza sua
E quel vecchio palazzo; ed in cu-
stodia
Stà d'un villano antico del paese.

Vel. Vi è qualch uomo istrutto
Che parli la mia causa?

D. D. Io so di tutto,
Posso farlo anch' io.

Vel. Ben: tu già sei
Informato del fatto. Or con denaro
Prendo il villano, e mi travesto
e meco
Porto un seguito finto: farò cre-
dermi
Cotesto militar Governatore,
E decido la causa a mio favore.

D. D. E se per contra tempo
Ciò pur non vi riesce?

Vel. Allor vedrai
Con sommo tuo stupore
Quel che sà far Velardo e il suo
furore.

tet. Der Zimmermann zahlt die Unkösten.

Vel. Möglich! Dieses reizt mich schon alles zu wagen. Weiß man hier die Umstände dieses Gouverneurs?

Dal. Gar nichts: doch er soll eine Militairperson seyn. Er wird in selben alten Pallaste residiren, dieser steht nun unter der Obsorge eines alten hiesigen Bauers.

Dal. Ist wer hier, der diese Sachen verstehet, und mich vertritt?

Dal. Ich kann allerhand, ich kann es auch thun.

Vel. Gut, du weißt ohnehin den ganzen Fall. Itzt ziehe ich den Bauer mit Geld in mein Spiel, ich verkleide mich, und führe mit mir ein verstelltes Gefolg: ich werde mich für den Gouverneur ausgeben, und da entscheide ich den Prozeß für mich.

Dal. Und wenn dieses, aus was immer für einem widrigen Zufall, ihnen nicht von statten geht?

Vel. Da sollst du mit deiner größten Verwunderung sehen, was der Don Velardo in seinem Zorne thun kann.

La mia gente a un solo cenno
　　Ordinata in piu squadroni
　　Con bombarde con cannoni
　　Fo qui subito marciar.
Ecco gia le batterie,
　　Son piantate da ogni lato,
　　Il palazzo è già assediato
　　Si cominicia a cannonar.
Che gran colpi che fracasso
　　Le muraglia vien a basso
　　Più la truppa dentro passa
　　Al comando fa man bassa,
　　Ziffe zaffe puffe paffe
　　Là un ferito, qua un spedito
　　Là un stropiato, quà un infranto
　　Quanto sangue quanto quanto
　　Corre il suolo a rosseggiar.
Io nel nezzo a tal procella
　　Salvo solo la mia bella
　　E suo sposo vittorioso
　　Vo con essa a trionfar.

SCENA III.

Don Fabio, e Mastro Sozio.

M. S. Tanto fare si deve.
D. F. La causa è guadagnata. Capitanibus
　　Velardibus in coram
　　Gubernatoris debet
　　Accipere paliccum
M. S. O Fabio bello!
　　Ma io però pretendo
　　Che Capitanibus abbia lo sfratto
　　　　　　　　　　D. F.

Zweyter Aufzug.

Auf einen einzigen Wink werden meine Leute in Eskadronen getheilt hier mit Bombarden, und Stücken aufmarschiren.

Da sind schon die Batterien überall herum aufgeworfen, der Pallast ist schon belagert, itzt fängt das Kanoniren an.

O was für Schüsse, was für ein Gepraßel! Die Mauern fallen schon um, die Truppen dringen schon hinein; wenn es kommandirt wird, so hauen sie überall drein. Pif, paf; da liegt einer verwundet, dort ist einer, für den kein Aufkommen zu hoffen ist, da ist wieder einer stropirt; und dort einer ganz zerquätscht. O wie viel Blut den Erdboden färbt.

Mitten in einem solchen Sturme rette ich bloß meine Schöne, und dann werde ich als ihr Bräutigam mit ihr siegreich triumphiren.

Dritter Auftritt.

D. Fabio M. Sozio.

M. S. Alles dieses muß man thun?

D. F. Wir haben den Prozeß gewonnen. Capitanibus Velardibus in coram Gubernatoris debet accipere Spießicum.

M. S. O mein schöner Fabio! Aber ich will, daß der Capitanibus von hier weggejagt werden soll.

D. F.

D. F. Di questo poi ne parlerem sul fatto
M. S. Ecco spunta di là la mia carina
Grassotta, e rubiconda come suole
Spuntare a noi dall' occidente il sole.

SCENA IV.

Elena e Bellonia che calano dal Belvedere.

El. E gran tempo, ch'io cerco
Per tutto il mio tesoro
E par che il cor mi dica
Che getto invano il tempo, e la fatica.

D. F. (Hò capito il metaforo.)

M. S. Elena non temere:
Mi dice Dottor Fabio
Che Capitanibus
Aurà palicchibus.

Bel. Buono. Palicchibus: e se lo merita

D. F. Coram Gubernatoris statim illico.

El. Ma tanto io non capisco.

Bel. Ah, ah il Signor Dottor Fabio è un causidico.
Di questi che discorrono latino
Soltanto colle femine.

El. (Bellonia

D. F. Hievon wollen wir reden, da wir bei der Sache sind.

M. S. Siehst du, dort kömmt meine liebe, fette, und rothe, wie die Sonne aus dem Horizon zu kommen pflegt.

Vierter Auftritt.

Helene und Bellonia kommen aus dem Belveder herab.

Hel. Ich suche schon lang meinen Schas hin und wieder; und es scheint mir, als ob mir mein Herz sagte, daß ich mir eine vergebliche Mühe mache.

Fab. (Ich bestehe sie schon.)

M. S. Helene fürchte dich nicht, der Doktor Fabio sagt mir, daß Capitanibu= wird Spießibus bekommen.

Bel. So ist recht. Spießibus, er verdient es

D. F. Coram Gubernatoris statim illico.

Hel. Aber so viel verstehe ich nicht.

Bel. Ha, ha, der Herr Doktor Fabio ist einer von denen Rechtsgelehrten, die nur mit Frauenzimmern lateinisch reden.

Hel. (Bellonia ich möchte mich mit dem D. Fabio in ein Liebesgespräch einlassen.)

F 4   Bel.

Atto secondo.

  Vorrei parlar d'amore
   Un pò col graziofetto mio Dottore.)
Bell. Ma ci ftà Maftro Sozio. Ora penfiamo.
M. S. Mi porrò la corvatta,
   E l'abito di festa
   Per comparire appo il Gouverna-
      tore
Un Maftro di bottega accreditato
        (fra effe.)
El. Si cofi sì può fare
Bel. Principiate
   Che io feconderò
El. Or. io fon rifoluta
   Di amar Sol Maftro Sozio
M. S. Oh già sì fà.
D. F. Di amar fol Maftro Sozio oh cofpet-
      taccio!
   Ora beftemmierei.
   Un biduo bello, e fano.
Bel. E fe veniffe Capitan Bernardo?
El. Velardo vuoi tu dire.
Bel. Leonardo, fi Signora, che farefte?
El. Ci farei a l'amore innarzi a lui.
Bel. E farefte affai bene; accio ne crepi.
M. S. Cafpitaccia! Ma come fi farebbe?
Bell. Che? Ci vorebbe tanto?
   Io lo terrei in chiacchere
El. Facciamoci un concerto. Figuraimo
   Che tu foffi Velardo.   *a M. D*

           E

Zweyter Aufzug.

Bel. (Aber der M. Sozio ist hier; wir wollen die Sache überlegen.)

M. S. (Ich werde mein Halstuch umbinden, und mein Feyertagskleid anziehen, um beim Gouverneur als ein Mann, der viel Kredit hat, zu erscheinen.)

Hel. (Ja das können wir thun.) (zu Bel.)

Bel. (Fangen sie an, ich werde mitstimmen.)

Hel. Itzt bin ich entschlossen den M. Sozio einzig und allein zu lieben.

D. F. (Den M. Sozio einzig und allein zu lieben? Donnerwetter! Itzt wollte ich zwey Tage nacheinander fluchen.)

Bel. Wenn aber der Capitain Bernardo käme?

Hel. Velardo willst du sagen.

Bel. Ja Lienhard meine Frau, was thäten sie?

Hel. In seiner Gegenwart wollte ich karessiren.

Bel. Da hätten sie recht, damit er bersten soll.

M. S. Potz Blitz! Aber wie würde man es anstellen?

Bel. Was? Ist dann dieses so schwer? Ich wollte ihm indessen etwas vorplaudern.

Hel. Wir wollen es versuchen. Stellen wir uns vor, daß du Velardo, (zu M. S.) und daß der Don Fabio M. Sozio wäre.

E che foſſe Don Fabio Maſtro Sozio.

Bel. (Secondate.)   *a D. F.*

D. F. (Si ſi ora m'incomincio
a impadronir del fatto.)

M. S. Dottor Fabio.
Facciam queſta ſcenetta grazioſa
Mentre io faccio Velardo
Tu fa da Maſtro Sozio.

D. F. Via facciamola
(Diavolo, e che pariglia
Di piſtole da ſacca
Sono coteſta ſerva, e la padrona!)

El. Chi credere potea, che a prima giunta
La tua grazia paſſata m'è nel cuore
E mi ha fatto ſcordar d'ogni altro amore?
      a. D. Fabio.

M. S. Avverti Fabio, tutta queſta roba
Viene a me

D. F. Bella, coſa dee poi venire a me?
Riſponde Sozio adeſſo: io voglio in oggi.
Le Carte ingarbugliare di maniera
Che ſpoſa mi ſarai prima di ſera.
E queſto lo dich'io.

Bell. Son carte viſte
Si fa già

                                       El.

Zweyter Aufzug.

Bel. (Helfen sie zu.)

(zu Fab.)

D. F. (Jetzt verstehe ich erst den Spaß.)

M. S. Doctor Fabio spielen wir diese kleine Komödie. Ich mache den Velardo, und du den Meister Sozio.

D. F. Spielen wir sie (Donner und kein Wetter! das sind ein Paar Erzschelmen Frau, und Magd beisammen!)

Hel. Wer soll es glauben, daß dein artiges Wesen sich gleich beim ersten Anblick mir bis ins Herz geschlichen hat, so daß ich sonst an keine andre Liebe denke.

(zu D. F.)

M. S. Denke wohl daran Fabio, dieses geht alles mich an.

D. F. Das ist sauber! Was wird hernach mich angehn? so antwortet Meister Sozio: Heut will ich die Sachen so sehr verwickeln, daß du, bevor Nacht wird, meine Braut seyn wirst. Das sage aber ich.

Bel. Es ist ein bloßer Spaß, dieses weiß man schon.

Hel.

El. Ma tu m'ami
 Quanto t'amo ancor io?
D. F. T'amo in maniera
 Che d'amarti, mio ben, mai non
   son Sazio;
 Capiatur informatio nel mio petto,
 Che vestito portier ci trovi amore
 Che già per te mi ha sequestrato il
   core.
M. S. Oh bravo, evviva Fabio : ora
   veng'io
 Da D. Velardo. Ehi là, che si fa
   quà?
Bell. Non lo vedete, che si fa all' amore?
El. Seguitiam Sozio caro
 Retta non diamo a un parzo,
M. S. Il pazzo è Don Velardo. Io sono
   il caro.
D. F. Non ci accorrono più spieghe
 Non ver?
M. S. Ma io sono il tuo sposo,
 Direbbe Don Velardo
El. Ed io risponderei il mio sposino
 L'hò qui con me vicino.
D F. Or diamo il caso,
 Che a Sozio gli saltasse
 In testa il bel prurito,
 Di giurarmi la fede
 E darli un pò con Elena la mano
   Sen-

Hel. Liebst du mich aber, wie ich dich liebe?

D. F. O meine Liebste ich liebe dich dergestalten, daß ich dich nie genug lieben kann; in meinem Busen capiatur informatio. Da wirst du in einer Portiers Kleidung den Amor finden, welcher für dich auf mein Herz schon ein Verboth gemacht hat.

M. S. Vortreflich, es lebe der Don Fabio itzt komm ich als Velardo. He, was geschieht da?

Bel. Sehen sie es nicht? Man karessirt halt.

Hel. Fahren wir fort lieber Sozio, hören wir auf einen Narren nicht auf.

M. S. Aber der Narr ist D. Velardo. Ich bin der Geliebte, nicht wahr?

D. F. Es braucht weiter keine Erklärung.

M. S. Aber ich bin dein Bräutigam, so würde Don Velardo sagen.

Hel. Und ich wollte antworten: Mein lieber Bräutigam ist hier neben mir.

D. F. Gesetzt nun, daß der Sozio die Lust bekäme, ohne daß der Capitain was merkt, der Helene die Hand zu reichen, und eine beiderseitige Treue einander zu versprechen; wie würde man dieses anstellen?

M. S.

Senza farsi veder dal Capitano,
Come ciò si faria?

M. S. Ciò non potrebbe farsi

Bell. Certo che si faria

M. S. Ma come?

Bell. Datemi
una presa di spagna.

M. S. Eccola.

Bell. In cambio
Di ponermi nel naso questa spagna,
Lesta a quel capitano
Dentro agli occhi così la soffierei
E vi dareste poi tra voi la mano.
    (*butta il tabacco negli occlli a So-*
    zio, e frattanto Elena, e D.
    F. Si danno la mano.

M. S. Oh Diavolo! che hai fatto?

El. Giurami fedeltà- Starai ben forte?

D. F. Piu dell' aceto d'Ischia. O fede,
    o morte.

M. S. Basta non voglio a cara
Più prove del tuo amor. Son per-
suaso
Che quel cor sforacchiato
Ti hà già la mia beltá! Per te quest
alma
Sdrucciola, capitombola, e sga-
vazza
Già quel occhio m'ammazza

Di

Zweyter Aufzug.

M. S. Das könnte nicht seyn.

Bel. Freylich könnte es seyn.

M. S. Wie so?

Bel. Geben sie mir eine Priese spanischen Tobak.

M. S. Da ist sie.

Bel. Anstatt diesen Toback zu schnupfen; so wollte ich ihn so dem Capitain in die Augen blasen, (sie bläst dem M. S. den Toback in die Augen.) Und sie würden indessen einander die Hand geben.

(Hel. und Fab. geben einander die Hand.)

M. S. Zum Teufel was hast gethan?

Hel. (Schwöre daß du mir getreu seyn wirst. Wirst du standhaftig seyn?)

D. F. (Standhaft wie eine Saule. O Getreu bie in Tod.

M. S. Ich will keine weitere Beweise deiner Liebe haben. Ich bin überzeigt, daß meine Schönheit dein Herz ganz durchgelöhert hat; Du bist es, wegen der meine Seele stolpert, hin und her burzelt, und hüpft. Dein Aug sticht mich mit lauter Fröhlichkeit, Vergnügen, und Trost todt. Meister Sozio ist wegen seiner Schönen hin.

Wenn

Di giubilo, di gaudio, e di conforto
Per la fua bella Maftro Sozio è morto.

Se mai fenti fpirarti ful volto
Un bel vento così all' improvifo
Di, che Sozio è di già ftato uccifo,
E qual ombra s'aggira per te.

No mia bella, non pianger in vano;
Son robufto, fon vivo, fon fano,
Dal contento mancar già mi fento,
Dottor Fabio, deh reggimi in piè!

Ma ch'è quefto? Star fermo non poffo,
Gia mi sbarano i folgori indoffo,
Caro amico, Bellonia adorata
Spofa amata, deh balla con me

(*parte Elena e Bell. Nell' atto che entrano M. Soz. e D. Fab. fon richiamati da D. Dalmiro.*)

SCENA V.

D. Dalmiro, M. Sozio, e D. Fabio.

D. D. Eh Diavolo! Stà quà l'appuratore?
M. S. Come: codèft' azioni
Si fanno a pari noftri?

D. D.

Wenn ein sanfter Wind gäh um dein Angesicht wehet, so denke dir Sozio sey schon hin, und sein Geist irre um dich herum.

Nicht doch meine Schöne! weine nicht ohne Ursache, ich lebe noch, ich bin stark, und gesund. Ich werde ohnmächtig vor Freude! Doctor Fabio! ach halte mich.

Aber was ist das? Ich kann nicht auf einem Ort stehn bleiben; die Donnerkeile kommen schon auf mich los. Liebster Freund, angebetete Bellonia, geliebte Braut, ach tanze mit mir.

(Hel. und Bel. gehn ab. M. S. und D. Fab. da sie hinein gehn, werden von D. Dal. zurückgerufen.)

Fünfter Auftritt.

D. Dalmiro, M. S. und D. Fab.

Dal. He meister Sozio. Meister Sozio, höre mich.
D. F. Zum Teufel! es ist der Ausspäher da.
M. S. Wie? dieses unterstehst du dich mit Leuten unseres gleichens?

D. D. Miei padroni
Voi m'offendete a torto: e giusto adesso
Che vengo a voi colle notizie fresco.

M. S. Che notizie?

D. F. Cos'è?

D D. Da trentaquattro
Minuti appunto è quì arrivato il nostro
Governatore, é giovine, coi baffi
Statura alta, pelo negro, tiene
Losco lo sguardo, autentica la voce
E un aria militar grave, e feroce.

D. F. Diavolo, e quante cose ha egli appurate?

M. S. Presto in contradittorio.

D. D. Vi è dell'altro.
Il Capitan Velardo
Vuol litigar per Elena, e hà chiamato
Giá me per avvocato, or m'incamino.
Nella sua residenza. Preparati
M'ho di già contro voi testi, e ragioni,
E per non saper altro addio, padroni *(parte)*

D. F. Come? L'appuratore
Abbiam persa la causa

M. S. E la cagione?

D. F.

Dal. Meine Herren sie beleidigen mich mit Unrecht; und zwar eben itzt, da ich zu ihnen mit den neuesten Nachrichten komme.

M. S. Was für Neuigkeiten?

D. F. Was ist es?

Dal. Pünktlich vor vier und dreyßig Minuten ist unser Gouverneur angekommen; er ist jung, mit einem Knebelbart, hoch von Person, schwarze Haar, er schielt, eine kräftige Stimme, ein ernsthaftes und stolzes Wesen, wie es bei Militairpersonen zu seyn pflegt.

D. F Potz Blitz und kein End! was hat er alles ausgeforscht?

M. S. Nur geschwind vor seinen Richterstuhl.

Dal. Es ist noch etwas. Cer Capitain Velardo will um Helene einen Prozeß führen; und er hat mich schon zu seinem Advokaten ernannt, itzt gehe ich in seine Residenz. Mache dich fertig, ich habe schon Zeugen und andere Beweggründe wider dich, und weil ich sonst nichts weiß, so empfehle ich mich meine Herren.

D. F. Wie? den Ausforscher habe ich zu meinen Gegner? Unser Prozeß ist verlohren.

M. S. Aus was Ursach?

D. F. Or del Governator cotesto appura
L'intimo del cervello, e ce la
suona
M. S. Chiara è la mia ragione.
D. F. Dove son le scritture?
M. S. Aspetta, e torno. (*M. Sozio entra
in bottega*)
D. F. Questo, Don Fabio, è il giorno,
In cui per farti onore
Dei comparir, qual sei, bravo dottore.
(*M. S. esce dalla bottega*)
E cosi Sozio caro?
M. S. Ecco le lettere,
Dove mi fè promessa di sua mano:
Note di spese? un core
In carta pergamena: il suo rittratto
Che guarda il mio nell' atto che mi
sbozzo
Sbracciato quest' abete col pia-
nozzo.
D. F. Benissimo ti voglio
Far sentir quando parlo
La buon alma di Seneca Svenato.
M. S. Formami al mio rival tosto un pro-
cesso,
D. F. Prendi queste scritture, e e vieni
appresso.
(*partono*)

Zweyer Aufzug.

F. D. Itzt forscht er die innerlichsten Gedan=
ken des Gouverneurs aus, und dann
wirft er uns.

M. S. Meine Sache ist klar.

D. F. Wo sind die Schriften?

M. S. Wart, ich komme den Augenblick.
(er geht in die Werkstatt.)

D. F. Don Fabio dieser ist der Tag, an
welchen du um deiner Ehre willen dich
als einen geschickten Doktor zeigen mußt.
(M. S. kömmt aus der Werkstatt.)
Nu mein lieber Sozio?

M. S. Da sind die Briefe, in denen sie
mir ihre Hand versprochen hat: da sind
Ausgabenzettel; da ist ein Herz auf
Pergament: da ist ihr Portrait, wie
sie mich anschaut, da ich diese Tanne
abhoble.

D. F. Ganz gut. Wenn ich reden werde,
da sollst du einen anderten Seneca
hören.

M. S. Bring mir geschwind einen Prozeß
wider meinen Nebenbuhler zusammen.

D. F. Nimm diese Schriften, und komm
mit mir.

(gehen ab.)

Sech=

SCENA VI.

Strada.

Anagilda con seguito di Mori appresso.

Anag. La sua gente, che tolta
Dal legno ha il Capitan, comodo ha dato

Alla nostra vittoria. Noi padroni
Siam rimasti del legno; or tempo parmi

Di vendicarci. Egli
Communicato a suoi
Ha da fingersi il giudice del loco,
Per far, ch'Elena sia oggi sua sposa
Ciò di nascosto ho inteso; ed ho pensato

Assistita da voi coll'armi in mano
Di portarmi ove sta. Di svergognarlo

Farlo mio prigionier. S'usi la forza;
Ne v'arresti lassù tema, o ritegno.
Ciò che non fece amor; faccia lo sdegno.

Ah dove andò l'affetto
Che avea l'amante ingrato
Non sente più il diletto
Del caro ardor primier.

Spa-

Zweyter Aufzug. 103

Sechster Auftritt.

Anagilde mit einem Gefolge Mohren.

Der Capitain hat seine Leute aus dem Schife genommen, und dieses hat unseren Sieg erleichtert. Das Schif ist in unserer Gewalt; nun ist die Zeit zu meiner Rache da. Er hat den seinigen anvertraut, daß er sich für den Ortsrichter ausgeben will, um so zu bewirken, daß Helene heut seine Gemahlin werde. Dieses habe ich heimlich erfahren, und ich habe mir vorgenommen, mit eurer Hilf und mit bewafneter Hand hinzugehen, wo er ist; ihn zu beschämen, und gefangen zu nehmen. Man brauche die Gewalt, lasset euch, wenn ihr dort oben seyd, nicht abschrecken. Was die Liebe nicht zu Stande gebracht hat, das soll der Zorn thun.

Ach wo ist die Liebe meines undankbaren Geliebten hin? Ich fühle nicht mehr das Vergnügen, welches aus meiner vorigen Liebe entsprang.

Die süßen Augenblicke meines
Friedens, und meiner Rache
sind

Spariro i bei momenti
 Di pace e di riposo,
 Fur vani i giuramenti
 Del labbro menzogner.

SCENA VII.

Camera della residenza del Governatore.

Don Velardo travestito da Governator militare con baffi, assistito da' suoi mutati da curiali, e servi.

D. Vel. Ponete in questo loco il tavolino
 Qui queste sedie all'ordine. Partite
 Il ritrovato mio fu molto bello.
 Vengono genti a far contradittorio?
 (*ad un servo, che fa l'ambasciata.*)
 Or voi a me d'intorno
 Assistete bel bello,
 Suono per farli entrar il campanello.

(*suona, ed entrano.*)

sind verschwunden, und die
Schwüre seines lügnerischen
Mundes sind gebrochen.

Siebenter Auftritt.

Ein Zimmer in dem Residenzschlosse des Gouverneurs.

Dal. Vel. als Gouverneur, mit einem Knebelbart, und seine Leute als Gerichtspersonen, und Diener.

Setzet den Tisch hieher, (zu den Dienern) die Sessel daher nach der Ordnung. Gehet fort. Meine Erfindung ist sehr schön. Sind Leute da, welche vor meinem Richterstuhl erscheinen wollen? (zu einem Diener, der die Bothschaft bringt) Sitzet ihr mir da um den Tische bei, ich werde gleich klingeln, damit sie hereinkommen.

SCENA VIII.

D. Dalmiro con alcune scritture in mano.
D. Fabio, e M. Sozio con carte sotto al braccio. Elena, e detti riveriscono con serietà, e siedono.

M. S. (Don Fabio studia testi
 Terribili, e spaziosi.)

D. F. (Sta zitto. Ne ho già uno prepa-
 rato
 Che voglio ormai, coprire come
 un timpano
 Da capo a piedi il buon Governatore.)

Vel. E così, che vi occorre?

El. Io sono un' infelice vedovetta
 Amata con parola già di sposo
 Dal Capitan Velardo
 Uomo per altro indomito, e bestiale.

Vel. Non sta bene del prossimo dir male.

El. Costui m'abbandonò sola, ed in preda
 Delle miserie mie. Onesta cura
 Quel Mastro Sozio falegnam si prese
 Delle mia casa, a cui
 Per obbligo dovetti
 Anche giurare amor. Giunge Ve-
 lardo
 Do-

Achter Auftritt.

D. Dalmiro mit einigen Schriften in der Hand, D. Fabio und M. Sozio mit Schriften unter dem Arm. Helene und die Vorigen. Sie neigen sich ernsthaft, und sitzen nieder.

M. S. (Der Don Fabio studiret erschreckliche, und lange Texte aus.)

D. F. (Sey still ich habe schon einen bereitet, womit ich den Gouverneur wie eine Baucke ganz einhüllen will.)

Vel. Nun, was wollet ihr?

Hel. Ich bin eine unglückliche Wittwe, welche vorhin der Capitain Velardo geliebt, und ihr die Ehe versprochen hatte. Ein sonst unbändiger, und brutaler Mann.

Vel. Es ist nicht recht von seinem Nebenmenschen nachtheilig zu reden.

Hel. Er hat mich verlassen, und zwar allein und im Elend. Meister Sozio der Zimmermann nahm sich um meine Wirthschaft an, und ich mußte auch aus Dankbarkeit schwören, daß ich ihn lieben würde. Nach dem Verlauf
sieben

Dopo sette anni, e mi pretende ancora.
Mi minaccia di vita; perche sola
E senz' uomini in casa egli mi vede
Chiara è la mia ragione, e se volete
Sentirla in altri sensi assai migliori,
Ascolterete un po' questi Signori.

D. D. A voi.

D. F. Garbatissimo
Signor Gouernator con i mustacci,
Son sei anni, due mesi, e quattro giorni,
Ore sette, e minuti non so quanti,
Che Sozio Pescepazzo falignamè
Si mise a far l'amore
Con Elena Belfiore.
Noi abbiamo nel Codice
Che Orlando innamorato,
Per non aver pecunia, fu burlato,
E da questo vediamo
Che amore in noi produce umor maligni
Catarri, ostruzioni,
Vertigni chiragre.

M. S. (Che diavolo affastelli?
Mi sembri, quel che vende il grasso umano)

D. F. (Mi ricordo, che feci il Ciarlatano.)

D.

Zweyter Aufzug.

sieben Jahren kömmt Velardo zurück, er macht noch Ansprüche auf mich, er drohet meinem Leben, weil er mich allein zu Hause findet; Meine Sache ist klar, und wenn sie es mit weit besseren Worten hören wollen, so hören sie ein wenig diese Herren da.

(sie deut auf Fab. und M. S.)

Dal. Die Rede ist an euch.

D. F. Artigster Herr Gouverneur mit dem Knebelbarte, es sind sechs Jahre, zwey Monate, und vier Tage, sieben Stunden, und ich weiß nicht wie viel Minuten, seitdem Sozio Pescepazzo, ein Zimmermann, mit Helene Belfiore einen verliebten Umgang hat; Wir finden in unserem Codex, daß der verliebte Orlando, weil er kein Geld hatte, ausgelacht wurde. Aus diesem folgt es, daß die Liebe in uns böse Feuchtigkeiten den Katar, Verstopfungen, den Schwindel, das Zipperlein...

M. S. (Was Teufel bringst du für ungereimte Dinge zusammen? Du kömmst mir vor wie derjenige, der die Menschenfette verkauft.)

Fab. (Ich weiß mich zu erinnern, daß ich einmal ein Quacksalber gewesen bin.)

Dal.

D. D. Per quanto appurar poſſo
　　　Queſto Dottore è un aſino aſſai groſſo.
Vel. Seguitate.
Elen. (Oh che grazia!) Quant è caro?
　　　Avrà il mio cor ripoſo
　　　Se potrò queſta ſera averlo ſpoſo.
D. F. Garbato il mio Signor Governatore
　　　Voſſignoria ſa legger come ſpero
　　　Meglio di me, (ch'io non ne ſo affatto.)
　　　Onde ſi affacci un poco
　　　Al Capitolo ſeſto
　　　Nella pagina ſette a verſo nove
　　　Dieci, undici, e dodici, che trova
　　　In quel legislatore, che compoſe
　　　La teorba a Catone, che la moglie
　　　Non può dirſi mai moglie
　　　Se marito non ha, e caſu quod
M. S. Che v'entra il caſcio cotto? Parla un poco
　　　Delle promeſſe, e lettere amoroſe,
　　　E di quel che appartiene al mio decoro.
D. F. (Sozio non mi ſeccar, quando peroro,)
　　　Che non fe? Che non diſſe? Che non ſpeſe!
　　　Coteſto mio clientolo meſſere
　　　Della parte a favore?
　　　　　　　　　　　　El.

Zweyter Auftritt.

Dal. (So viel ich durch meine Ausforschungs=
kunst abnehme, so ist dieser Doktor ein
Erzesel.)

Vel. Weiter.

Hel. (O wie ihm alles gut ansteht? wie er
artig ist? Mein Herz wird zufrieden
seyn, wenn ich ihn bis Abend zum Ge=
mahl erhalten kann.)

Fab. Mein artiger Herr Gouverneur, ich
hoffe, sie werden besser als ich lesen können;
(denn ich kann es ganz und gar nicht.)
Daher schlagen sie auf das sechste Kapitel
auf der siebenten Seite, am neunten
zehenten, eilften und zwölften Vers;
da werden sie bei eben dem Gesetzgeber,
der die Teorbe des Cato verfaßt hat,
finden, daß die Gemahlinn keine Ge=
mahlinn kann genennt werden, wenn sie
keinen Mann hat; und casu quod.

M. S. (Aber was hat da die Geiß im Koth
zu thun? Rede nur ein wenig von un=
serem Versprechen, von unseren Buhl=
briefen, und von dem, was meinen
Wohlstand angeht.)

Fab. (Sozio laß du mich ungeschoren, wenn
ich im peroriren begriffen bin.) Was hat
mein Meister Client zum besten der Par=
they alles nicht gethan? was hat es alles
nicht geredet? was hat er nicht ausgege=
ben?

Hel=

El. Tutto hà fatto però per fin d'onore.
M. S. Signor Governatore che credete?
Ho fatto a quefta onefta vedovetta
Prender anche il Caffè colla for-
chetta.
El. Al contrario tenuta
Non fon d'obbligo alcuno
A quel Velardo indomito, ed au-
dace
Vel. Hò detto avanti il Giudice fi tace.
D. F. Sicche, oltre il trattato
De nuptiis, parlan chiaro
Cento Legiflatori a favor noftro.
Galeno, Paracelfo
Che compofe l'empiaftro
Vecchio Guidone, Taffo, Sannazzaro
Michele Spicciarello, et fic de fingulis
Tutti quefti conchiufero il gran tefto
Zuccus rende catenas: videlicet
Se maftro Sozio feminò contanti
Ha da coglier catenas. Onde peto
Che rifpetto a Velardo
Se gli fpedifca or or l'esecutorio:
E paghi a Maftro Sozio
Don Elena in contanti: o per dif-
petto
Che fi frufti con effa appefa in
petto.
M. S. (Fabio, Fabio, il mio cor ftà tinto
tinto)

(Ah

Hel. Er hat aber alles aus ehrbaren Absichten gethan.

M. S. Was glauben sie Herr Gouverneur? Diese junge Witwe hat sogar den Koffe emit der Gabel getrunken

Hel. Im Gegentheile aber, ich bin um gar nichts dem unbändigen, und kecken Velardo verbunden.

Vel. Vor dem Richter muß man schweigen habe ich gesagt.

Fab. Mithin, ausser dem Tractat de Nuptiis sind noch hundert Gesetzgeber, die klar für uns reden. Der Galenus, der Paracelsus, welcher das Pflaster erfunden hat, der alte Guido, der Tasso, der Sanazzar, Michael Spicciarello, & sic de singulis. Alle diese haben das berüchtigte Sprüchwort verfaßt, daß Zuccus cotennas bringt, videlicet: wenn M. Sozio sein Geld angebaut hat, so soll er cotennas erndten. Daher peto, daß, was den Velardo betrifft, wieder ihm also gleich die Execution angeordnet werde, er soll dem M. Sozio die Don Helene baar auszahlen, und ihm zum Schur soll er mit ihrem Portrait um den Hals ausgepeitscht werden.

M. S. (Fabio, Fabio! Ich fürchte mich sehr.)

D. F. (Ah ah quanto sei sciocco abbiamo vinto.)

El. (Chi sa come la prende.)

Vel. Tocca a voi.

D. D. Venerato il mio signore
Dotto Gouernatore, mi suppongo
Da che girate per governi, mai
Aurete intessi de spropositacci
Come or gli ha detti il mio contraddittore.

D. F. Te lo dich' io.

D. D. Per quel che stà appurato
Nel paese è che il Capitan Velardo
E' anteriore a mastro Sozio, e il primo
Nel fatto è preferito
In jure già si sà. Ei s'introdusse
In casa con legittima promessa
Di sposo, e mastro Sozio
Vi subentrò sub titulo
Di conoscente, di Capitolario.

D. F. No: Signor, non hai letto il Calendario.

D. D. Ma io non vi ho interrotto. Onde si deve
Mastro Sozio punir qual ficcanaso
Ed uom perturbatore
D'una giurata fè, d'un vero amore?

Vel. Hò capita la causa, ed or ben presto
Io la deciderò. L'ordine è questo,

Vel.

Zweyter Aufzug. 115

D. F. (Ha, ha, da sieht man, was du für ein Tölpel bist. Wir haben gewonnen.)
Hel. (Wer weiß, wie er es nimm?)
Vel. Es ist die Reihe an ihnen.

(zu Dal.)

Dal. Hochgeehrter und Gelehrter Herr Gouverneur! Ich glaube, sie werden, seitdem sie bald da bald dort als Gouverneur gewesen sind, noch keine so grobe Dummheiten gehört haben, wie die sind, welche mein Herr Gegner hervor gebracht hat.

D. F. Das sage ich dir.

Dal. In so weit ich habe ausforschen können, so ist es richtig, daß der Capitain Velardo vor dem Meister Sozio war, und wer der erste ist, der wird in Facto vorgezogen: In jure das versteht sich ohnehin. Er ist vermög ein gesetzmässiges Eheversprechen ins Haus gekommen, der Meister Sozio aber hat sich hinein geschlichen als Bekannter, und Rath.

D. F. Nein, du hast den Kalender nicht gelesen.

Dal. Ich bin ihnen nicht in die Rede gefallen. Man muß also den M. Sozio als einen solchen bestraffen, der überall seine Nase dabei haben will, und als einen Störer der Treue, und der Liebe.

Vel. Ich verstehe nun die ganze Steitigkeit, und itzt werde ich selbe entscheiden. Die-

   Ite voi da qui lontano.
   Qua Don Elena s'arresti.
   O che sposi il Capitano,
   O mai più non uscirà.

El. Come, o Dio! che legge è questa?
   Deh, Signor per carità.

M. S. Fabio mio non restar corto.
   Or vedrò se sai parlar.

Fab. Caro Sozio quand' hai torto
   Io che diavol ci hò da far?

D. D. Il decreto gia l'hà fatto
   Non v'è più che replicar.

El.
D. F. } a 3. Deh Signor, pér carità.
M. S.

Vel. Cheti birbi: o tutti a un tratto
   In prigion vi fo serrar.

SCENA IX.

Anagilda con Mori tutti con Sciable nude alla mano

An. Da qui alcun non mova il passo.
   S'incateni quel bugiardo;
   Egli è l'empio Don Velardo,
   Il nemico del mio amor.

Vel. Me infelice! Io son perduto,
El. Don Velardo?
        Fab.

ser ist der Spruch; Ihr sollet fort gehn: und Donna Helena bleibt hier. Sie soll den Capitain Velardo heirathen, oder sie wird nicht mehr auskommen.

Hel. Wie, o Gott! Was ist dieser für ein Befehl? Ach Herr, haben sie Mitleiden mit mir.

M. S. O mein lieber Fabio, sey muthig; itzt werde ich sehen, ob du reden kannst.

Fab. Mein lieber Sozio, was Teufel kann ich thun, wenn du Unrecht hast?

Dal. Es ist schon dekretirt, es hat keine Einwendung mehr stat.

Hel.
Fab. } in 3. Ach Herr um des Himmels
M. S. } Willen!

Vel. Still ihr Bösewichter: oder ich lasse euch alle einsperren.

Neunter Auftritt.

Anagilde mit Mohren, alle mit entblößten Säbeln in der Hand.

An. Es soll niemand fort von hier gehn. Man schlage den Lügner in Eisen und Banden; er ist der gottlose Don Velardo, dem meine Liebe verhaßt ist.

Vel. O ich unglücklicher Mensch! ich bin verlohren.

Hel. Der Don Velardo?

H 3   Fab.

Fab. Lo corsaro?

D. D. Il Maltese?

M. S. Ah mensognero!

An.   Egli è già mio prigioniero,
       Saprò tutti vendicar.

Vel. Me meschin! qual grave sasso
       M'è piombato sulla testa?
       Dalla calma alla tempesta
       Come andai non veggio ancor.

El.   Pastorella in selva oscura
       Jo moveva il piè tremante;
       Ma poi l'ombre, e la paura
       Un bel raggio dissipò.

D. D Perchè mai nemico fato
       Questo ancor no ho appurato?
       Perdo il pregio io poueretto
       Di perfetto appurator.

M. S. Oh che sposi il Capitano
              ripete le parole di Vel.
       O mai più non uscirà.

D. F. Cheti birbi, o tutti a un tratto
                 (come sopra
      In prigion vi fo serrar,

M S. ⎫
  a 2 ⎬ Il Signor Governatore
D. F. ⎭
       Andrà i quicqueri a guardar.

                         a 5.

Zweyter Aufzug.

Fab. Der Kaper?

Dal. Der Malthefer?

M. S. O du Lügner!

An. Er ist schon mein Gefangener; ich werde allen Rache verschaffen.

Vel. O ich Elender! Was ist mir für ein schwerer Stein auf dem Kopf gefallen? Ich sehe noch nicht ein, wie sich die Meerstille in einen Sturm verwandelt hat.

Hel. Ich zitterte wie eine Schäferinn, die in einem finsteren Wald herum irrt; es hat aber ein glänzender Strahl den Nebel, und die Furcht vertrieben.

Dal. Widriges Verhängniß, warum habe ich nicht dieses auch ausforschen können. Ich armer Tropf, ich verdiene nicht mehr den Namen eines vollkommenen Ausforschers.

M. S. Sie soll den Capitain heirathen (er wiederholt die Worte des Vel.) oder se wird nicht mehr auskommen.

Fab. Still ihr Bösewichter, oder ich lasse euch alle einsperren.

(wie oben.)

M. S.
in 1. } Der Herr Gouverneur wird ein
Fab. } wenig rudern lernen.

H 4 in 5.

Atto secondo.

a 5 Pezzi pezzi si faranno
　　　Come polve hai da restar.
Vel.　L'aspro mio destin tiranno
　　　Vorrei sempre bestemmiar.
　　　　　　　　　　(*partono.*)

SCENA X.

Strada.

Bellonia, Grazina, e poi D. Dalmiro.

Bel. Non sappiamo lo causa, chi l'ha vinta
Graz. Sono alquanto ansiosa.
　　　Di saper qualche cosa.
Bell.　Io Dottor Fabio
　　　Vorrei, che la perdesse.
Graz. Già perchè l'ami. Elena mia Cu-
　　　　gina
　　　In quel caso saria di D. Velardo!
　　　E tu speranza auresti
　　　D'essere poi sua sposa;
Bell.　Come ho da far, se non mi bata il
　　　　　　　core?
　　　I vezzi teneretti
　　　D'una povera serva, come me,
　　　Non vincono con questi Zerbinotti:
　　　Ma di voi Signorine
　　　La grazia unita alla faccetta dura
　　　Ha un'arte d'incappar fuor di misura.

　　　　　　　　　　　　　S'io

in 5 Sie werden dich ganz zerstückeln, es wird von dir nichts als Staub übrig bleiben.

Vel. Ich möchte über mein hartes und grausames Geschick unaufhörlich fluchen.

(geht ab)

Zehnter Auftritt.

eine Gasse.

Bellonia, Grazine, hernach D. Dalmiro

Bel. Weiß man noch nicht, wer den Prozeß gewonnen hat?

Graz. Ich bin ein wenig begierig, etwas davon zu efahren.

Bel. Ich wollte wünschen, daß der Doktor Fabio ihn verlöhre.

Graz. Dieses ist alles, weil du ihn liebest. Da würde meine Base die Helena dem Velardo zukommen, und so würdest du einige Hoffnung haben, seine Braut zu werden.

Bel. Wie solle ich es anstellen, wenn ich dazu nicht Muth genug habe? Die Zärtlichkeiten einer armen Dienstmagd, wie ich, machen auf diese Stutzer keinen Eindruck. Aber bei ihres gleichens einer, die schöne Art, mit ihrer Sprödigkkit vereiniget, hat eine besondere Kraft Leut zu fangen.

Wenn

S'io dico ad un milordo
Caro mi fai morir.
Sai, che mi sento dir?
Fantaccia via di quà.
Se poi voi verbigraxia
Movete un bel risetto
E con pulita grazia
Volete sospirar?
Li vedi come matti
Girar mai sempre astratti.
O cielo! o nubi! o Dei!
La bella mia dov'è?
Io smanio già per lei
Lei palpita per me.
Mal abbia chi hà inventate
Le piume, ed i spilloni
Le cuffie, i mantiglioni
I guanti, e le scarpette;
Son stati la rovina
D'ogni figliuola onesta.
Per noi la rete in testa
Al Publico non fà   *(partono.)*

SCENA XI.

Elena, D. Fabio, e poi Sozio, che osserva.

El. Velardo non hà più ragione alcuna
  Sopra me.
D. F. A me la schiava
  Etiam cum juramento
         Qua-

Zweyter Aufzug.

Wenn ich zu einem Milord sage:
Mein Beßter! ich sterbe nach dir;
sie wissen schon, da sagt man mir:
fort, fort, du garstige Magd.
Wenn aber sie zum Beispiel sanft
lächeln, und mit einer schönen Art
seufzen wollen, da sieht man sie
wie die Narren voll Gedanken herum
laufen: O Himmel! o Wolken!
o Götter! Wo ist meine Schöne?
Ich schmachte wegen ihr, und sie
bebet um meinetwillen:
Es komme alles Unglück über dieje=
nigen, welche die Federn, die Steck=
nadeln, die Hauben, die Mantel,
die Handschuhe, und die dünnen, fei=
nen Schuhe aufgebracht haben. Sie
sind das Unglück aller ehrlichen
Mädchen, für uns schickt sich nicht,
mit dem Netze auf dem Kopfe
herum zu gehn.

(geht ab.)

Eilfter Auftritt

Helena, Don Fabio, hernach Sozio der ihnen zuhöret.

Hel. Velardo hat nun mit mir gar nichts
mehr zu schaffen.
D. F. Die Sklavinn hat mir mit einem Eide
versprochen: quatenus opus sit, alles
zu

Quatenus opus fit ha già promesso
Quant' occorre per quel, che vogliam fare;

El. Dunque faremo pria che notte oscuri
Spargere la notizia, che qui giunto
E Don Fugazio il primo mio marito,
E che vera non fu la di lui morte.
Vieni tu travestito
Da Unghero, ed a tenor di un suo comando,
Ch'ho nell' ultimo foglio da lui scrittomi,
Mi troverai da sposa
Unghera parimenti qui vestita.

D. F. Si ma gli abiti?

El. Sopra
N'ho pieno un gran baul, che già mandommi.

D. F. Bene provisum, & decretum magnam
Cervelliculam tuam. Seguita appresso

El. Pria però di sposarci aprir si deve
Il chiuso testamento di mio padre
Che rigorosamente
Pria che la mano a Don Fugazio io dessi
Vuole che un suo voler quello eseguisca

Al-

zu thun, was zu unserem Vorhaben nöthig ist.

Hel. Wir wollen also bevor es Nacht wird, ausstreuen, als wäre mein erster Gemahl der Don Fugazio angekommen, und daß der Ruf von seinem Tode keinen Bestand hat. Hernach komm du in ungarischer Kleidung zu mir, und da wirst du mich ebenfalls vermög dem, was er mir in seinem letzten Briefe befohlen hat, als eine ungarische Braut finden.

D. F. Ja, aber die Kleidung?

Hel. Ich habe oben eine Reistruge voll, welche er mir geschickt hat.

D. F. Gut; bene provisum, & decretum, magnam cerveliculam tuam; nun weiter.

Hel. Vor unserer Heirath aber müssen wir das Testament meines Vaters eröfnen, welcher aufs schärfeste befohlen hat, daß bevor ich mit dem Fugazio getrauet werde, sein Willen vollzogen werden soll,
und

    Altrimenti il trattato
    Del matrimonio è nullo.
D. F. Che genitor traſtullo!
    Ma che vuol?
El. Non ſi ſà.
D. F. Baſta faremo
    L'ultima volontà del teſtatore.
El. Si caro Fabio, or ſi mi porti amore.
M. S. (Queſti che coſa fanno.)
D. F. Or già che ſoli ſiamo
    Confeſſa ſenza corda. Mi vuoi bene?
M. S. (Mi vuoi ben?)
El. Sappi ch'io
    Mai maſtro Sozio hò amato
    Ma ſempre l'ho burlato. Tu dav-
        vero
    Con quella grazia m'hai ſol vinto
      il core.
M. S. (O quatrinacci miei
    Stentati colla ſega
    E poi buttati al diavolo!)
D. F. (Brava brava. L'eſaminai col mo-
        nitus
    E ſi diſcaricò.) Sappi che ſei
    Sola tu del mio core
    Una rappreſentanza favorevole
El. Viva Fabio, oh che guſto
D. F. viva l'Elena mia, oh che piacere!
M. S. E viva Maſtro Sozio
    Che ſi ben v'ha tenuto il Cande-
        liere.
          El.

Zweyter Aufzug.

und in Ermanglung dessen ist der Ehevertrag für nichtig zu halten.

D. F. Ein herzallerliebster Vater! Was will er dann?

Hel. Dieses weiß man nicht.

D. F. Nun gut, wir wollen die leztwillige Disposition vollziehen.

Hel. Ja beßter Fabio; itzt kenn ich, daß du mich liebst.

M. S. (Was thun die da?)

D. F. Weil wir allein sind, so bekenne es glat heraus: liebst du mich?

M. S. (Liebst du mich?)

Hel. Du sollst wissen: daß ich niemals den Meister Sozio geliebt habe; sondern ich habe ihn immer gefoppt. Du bist wirklich der einzige, der mit seiner Art mein Herz eingenommen hat.

M. S. (O mein armes Geld! ich habe um dich so sehr mit der Säge geschwitzt, und dann habe ich dich dem Teufel im Rachen geworfen.)

D. F. (Vortreflich ich habe sie ausgeforscht, und sie hat sich erklärt.) Nun sollst du wissen, daß du das einzige Vergnügen meines Herzens bist.

Hel. Es lebe Fabio! o welche Freude!

D. F. Es lebe meine Helene! o welches Vergnügen!

M. S. Und es lebe der Meister Sozio, der euch so gut das Licht gehalten hat.

Hel

El. Misera me!
D. F. Oh diavolo!
  Mi ha colto in tempo col delitto
       in genere
M. S. Signora vedovella modestina
  Io son quel mastro Sozio, che hai
       burlato;
  Di pur qualche cos' altra al tuo
       Dottore
  Seguita a dire.
El. Oh ciel mi batte il core.
  Che ho da dir? . . . Se non . . .
     ho fiato . . . .
  Un ros . . . sor così . . . m'ac . . .
     cende,
  Un tre . . . mor . . . così mi
     pren . . . de,
  Che non posso . . . oime . . . par
     . . . lar
  Senti . . . veda . . . Io dir vole-
     va . . .
  Non . . . sgridarmi . . . oh Dio!
     che pena
  Freddo hò il sangue in ogni vena,
  Regger troppo . . . il pie . . . non
     fa.
  Contro me l'avverso fato
  Gli astri torbidi. e più fieri
  Par si siano congiurati
  Per vedermi palpi . . . tar *(parte.)*

Zweyter Aufzug.

Hel. O ich Elende!

D. F. Zum Teufel er hat mich ertappt.

M. S. Ehrbare, unschuldige Wittwe, ich bin jener Meister Sozio, den du gefoppt hast; sage nur deinem Doktor noch weiter etwas.

Hel. O Himmel es klopft mir das Herz. Was werde ich sagen?... Wenn ich... keinen Athem habe? Ich schäme mich so sehr ... Es überfällt mich ein solches Zittern... daß ich nicht reden kann. Höre... Sehen sie... habe ich sagen wollen... greine nicht... O Gott! welche Angst, es schauert mich im ganzen Leibe, meine Füsse können mich nicht ertragen;

Es scheint, als ob mein widriges Geschick und alle unglücklichsten Gestirne wider mich vereiniget wären, um mich in Marter zu sehen.

(geht ab.)

SCENA XII.

D. Fabio, e M. Sozio.

M. S. Dammi la mia procura.
D. F. Teccotella.
  A un cavallo par mio non manca
         sella.
M. S. Un Asino non voglio
  Per mio Jurisconsulto
D. F. Chi è l'asino?
M. S. Sei tu che poc'avanti
  M'hai perduta una causa in tua malora
D. F. (O bella, e chi ne hà guadagnate
         ancora?)
M. S. E poi si fà all' amore coll' amata
  Del clientolo eh?
D. F. In quanto a questo
  Garbato Sozio m'hai da compatire
  Siamo tutti di carne.
  Via dammi la procura.
M. S. Vanne al diavolo.
  Non m'hai vinta una causa.
D. F. Chi l'hà detto?
  Hò visto in Tribunale
  Vincer più cause io
  Che non hai fatto tacche
  Nella bottega tua.
M. S. Ma quale è quella
  Che hai guadagnate ancor? fà che
        io la sento
D. F. Ne hò guadagnate cento
  Apri alquanto la bocca, e al tempo
        istesso
         Chi

Zwölfter Auftritt.

D. Fabio und M. Sozio.

M. S. Gieb mir meine Vollmacht zurück.

D. F. Da ist sie. Ein Roß wie ich bin, findet überall einen Sattel.

M. S. Ich brauche keinen Esel zum Advokaten.

D. F. Wer ist ein Esel?

M. S. Du bist es, der du kurz vorher mir einen Prozeß verlohren hast.

D. F. (Das ist zum lachen! für wen habe ich jemals einen gewonnen?)

M. S. Und man karessirt mit der Geliebten deines Clientens noch dazu, nicht wahr?

D. F. Nu, dieses mußt du mir verzeihen mein artiger Sozio, wir sind alle vom Fleisch. So gieb mir den Vollmachtsbrief wieder her.

M. S. Gehe zum Schinder, du hast mir keinen einzigen Prozeß noch gewonnen.

D. F. Wer sagt das? Ich habe mehr Prozesse bei Gericht gewinnen gesehen, als du in deiner Werkstatt Hobelspäne geschnitten.

M. S. Was hast denn bisher für einen gewonnen.

D. F. Hundert habe ich schon gewonnen. Mache ein wenig das Maul auf, und höre zu, was der Doktor Fabio für ein grosser Mann ist.

Weißt

Chi fia il gran dottor Fabio afcolta adeſſo

Parlar le caufe in coram Iudice:
　Il citar codici, tefti, e paragrafi:
　Formar un fcritto con fenfi efpreffi
　Sai come io l'ufo nel tribunal?
　Come due bocce or mi beveffi
　Sopra un perzetto di cavial.

L'altra mattina con fommo applaufo
　Vinfi una caufa, che ha del difficile
　Di un territorio, che fparte i termini
　Di Manfredonia col Canadà.
　Prefi a difendere un' altra Vedova
　Ch'era Zitella con un fol figlio
　Il cui marito ftava in efiglio
　Io in galera lo feci andar.

Contro un caleffe jeri parlai,
　Che un afinello fi prefe fotto
　Fugge il caleffe, ed io di botto
　Feci quell' afino lì carcerar.

Un tavernaro, che dava il manco
　Appefo in gola portò un'arrofto
　Sette braggiole, un pefce in bianco
　E poi fi uftare per la città
　Quanti alle forche n'hò pur levati
　Quanti dal carcere n'hò liberati
　Di tefti in capo io n'hò un diluvio,

Di

Zweyter Aufzug.

Weißt du, wie ich pflege vor Gericht einen Rechtshandel in coram judice vorzutragen? Wie ich die Gesetzbücher, Texte, und Paragraphen anführen, und eine ordentliche Schrift verfassen kann? Eben so leicht, als ich nach einem Stück Schunken ein paar Boutellien ausleeren wollte.

Gestern Nachmittag habe ich einen Rechtshandel gewonnen, welcher ziemlich schwer war; er betraf eine Strecke Landes, welches an den Gränzen von Manfredonien, und von Canada liegt. Hernach habe ich eine Wittwe vertheidiget, welche noch Jungfrau war, und nur einen Sohn hatte; ihr Mann war aus dem Lande verwiesen, und ich habe ihn auf die Galere gebracht.

Gestern habe ich wieder eine Kalesse geredet, sie hatte einen Esel niedergeführt, die Kalesse ist durchgegangen, und ich habe den Esel auf der Stelle einsperren lassen.

Ein Wirth, der nicht die rechte Maas gehalten hat, ist mit einem Stück Gebratenes mit sieben Rostbratten, und mit einem weißgesottenen Fisch um den Hals durch die Stadt gepeitscht worden. Viele habe ich zum Galgen geholfen, und viele aus dem Kercker befreyt. Texten habe ich eine unendliche Menge im Kopf. Bücher

Di libri in corpo ne ferbo un facco
Parlo latino che anco il diavolo
Se vuol capirmi ci ha da fudar.
Hai visto cafpita! che è Dottor Fabio?
Apri le auricole che le mie caufe
Breve fuccinto, lefto, e Sollecito
Per più confonderti vò replicar..
M. S. Ah! Fabio Diavolo tu mi precipiti
Quanti fpropofiti, non piu parlar.
(partono.)

SCENA XIII.

Don Velardo condotto da Mori, ed Anagilda, poi D. Dalmiro che offerva.

Vel. Anagilda fon tuo:
Conofco che mancai. Da queft'iftante
Stabile fedeltà, fe vuoi ti giuro.
Bafta libero io fia per vendicarmi
Contro de miei rival, contra l'infida.
An. Voglio che prima
Innanzi a un teftimonio
Mi prometti la mano, e che l'amore
Di quell' Elena ormai mandi in oblio.
Vel. Ma dove è il teftimonio?
D. D. Vi fon io.
Tutto hò intefo, giurate
Che io mi confirmo ut fupra
Vel.

cher habe ich einen Sack voll in meinem
Körper, und ich rede lateinisch so, daß
der Teufel schwitzen müßte, wenn er
mich verstehen wollte.

Potz Fikrament! hast du gehört, wer der
Doctor Fabio ist? Thu deine Ohren
auf, um dich noch mehr zu überweisen,
so will ich ganz kurz, geschwind, und ge=
nau alle meine Prozesse noch einmal her
zählen —

M. S. Ach Fabio zum Teufel, du betäubst
mich, sehe wieviel er Thorheiten gere=
det hat! So rede nichts mehr.

Dreizehnter Auftritt.

Don Velardo zwischen einigen Mohren,
und Anagilde, hernach D. Dalmiro der
zuhört.

Vel. Anagilde, ich bin der deinige; ich be=
kenne meinen Fehler, wenn du willst, so
schwöre ich dir von nun an immer ge=
treu zu seyn, wenn ich nur frey bin,
und mich an meinen Nebenbuhlern, und an
der Ungetreuen rächen kann.

An. Du mußt mir bevor in Gegenwart ei=
nes Zeugen deine Hand versprechen,
und auf Helene vergessen.

Vel. Wo haben wir aber einen Zeugen?

Dal. Bin ich da. Ich habe alles gehört,
schwören sie nur, ich werde Zeug da=
bei sein.

Vel. Si alla Cara Anagilda
Giuro dinnanzi a te fede ed amore
Ane Or contento nel sen mi sento il core
D. D. L'Affricana a la fin ve l'hà ficcata
Caro signor Pirata
E donna e tanto basta
Perchè ognor perda chi con lei contrasta.
Son le donne un grande imbroglio
E ciascuno ben lo sà;
Ma pur troppo 'n tale scoglio
Ad urtare ognuno và.
Son le belle capricciose
Son volubili, ritrose
Son nemiche di pietà.
E qual trovasi fra loro
Che non credasi un tesoro
Un prodigio di beltà.
Vel. Hò sentito finora
Ogni uomo de la femina dir male
Ma quando viene al caso,
Da lor lasciasi alfin menar pel naso.

Zweyter Aufzug. 137

Vel. Ja ich schwöre in deiner Gegenwart, daß ich die theuere Anagilde getreu lieben werde.

An. Itzt ist mein Herz zufrieden. (ab.)

Dal. Mein lieber Herr Kaper, die Affrikanerinn hat sie zu Ende erwischt. Sie ist ein Frauenzimmer, daß ist genug, auf daß, wer mit ihr zu thun hat, immer das kürzeste ziehen soll.

Die Frauenzimmer sind die Uhrheberinen allerhand Verwirrungen; nichts desto weniger ein jeder fährt an diese Klippe.

Sind sie schön, so sind sie eigensinnig, leichtfertig, spröd, und gefühllos. Wo ist aber eine unter ihnen zu finden, die sich nicht einbildet, eine seltsame Schönheit zu besitzen?

Vel. Ich habe allezeit alle Männer über das weibliche Geschlecht schelten gehört; wenn sich aber die Gelegenheit ereignet, so lassen sie sich alle bei der Nase herum ziehen.

J 5 Vier=

SCENA XIV.

Notte con Luna.

Villa nobile illuminata. In prospetto spazioso mare in cui si vede lo Sciabecco parimenti illuminato, e guarnito di differenti bandiere. Turchi in ordinanza militare con Sciable nude alla mano.

Anagilda, poi Grazina, Bellonia, Mastro Sozio, indi D. Dalmiro.

An. Sù Compagni. dimostriamo
Qual piacer, che abbiam nel core,
Che la sorte con amore
Ci principia a consolar.
  (*Spara lo Sciebecco*)
Graz. Perche qui tanta allegria?
Bell. Che vuol vuol dir tanto rumore?
M. S. Se non vien l'appuratore
Chi mai diavolo sarà.
D. D. Qui son io; Sta piena amici
Di notizie la città.
M. S. Su principia a propalar.
D D Questi Turchi in festa Stanno
Perche vinto hanno quel legno,
Già son cose che si fanno
State il meglio ad ascoltar
Capitato è d'ungheria

D.

Zweyter Aufzug. 139

Vierzehner Auftritt.

Nacht, mit dem Mondschein.

Ein schönes illuminirtes Landschloß. Aussicht eines weiten Meers gegenüber, in welchem man den ebenfalls illuminirten Schebeck sieht, worauf verschiedene Flaggen. Türcken auf Soldaten Art in der Ordnung mit ihren Säbeln in der Hand.

Anag. hernach Graz. Bellonia, Meister Sozio, hernach D. Dalmiro.

An. Auf auf meine Gefährte, zeigen wir die Freude, die wir im Herzen fühlen; das Glück, und die Liebe fangen an uns zu trösten.
  (Es wird aus dem Schebeck geschossen.)
Graz. Was hat diese Freude zu bedeuten?
Bel. Was bedeutet dieser Lärmen?
M. S. Wer Teufel soll es wissen, wenn der Ausforscher nicht kömmt?
Dal. Da bin ich, Freude, die ganze Stadt ist voll Neuigkeiten.
M. S. So fange an, alles kund zu machen.
Dal. Diese Türken sind voll Freude, weil sie jenes Schiff erobert haben, diese sind lauter bekannte Sachen, nun kömmt aber das beste. Don Fugazio ist aus
Un=

D. Fugazio, vivo e fano,
La fua morte fu bugia
Or con Elena vien quà.

Graz.
M. S. } *a* 3. Ma che Diavolo tu dici?
Bel.

D. D. L'incorrotta verità.

An. (Per più fingere la cofa
Deggio il tutto fecondar.

Graz. Ecco d'unghera, e da fpofa
La Cugina vien di là.

An. Su Compagni, dimoftriamo
Quel piacer che abbiam nel cuore
Che la forte con amore
Ci principia a confolar.

M. S. Maledetti quanti fiamo
Come puoi fi gran dolore
Si tiranno crepacuore
Maftro Sozio foppottar?

Si replica lo fparo, ed efce una brigata d' Ungheri fuonando varj ftromenti.

SCE-

Zweyter Aufzug.

Ungarn frisch und gesund angekommen; sein Tod war erdichtet, er wird gleich mit Helene da seyn.

Graz.
M. S. } in 3. Was Teufel sagst du?
Bel.
Dal. (Die lautere Wahrheit

An. (Damit die Erdichtung besser ausfällt, so muß ich mitstimmen.)
Graz. Da kömmt meine Base in Ungarischer Brautkleidung her.
An. Auf auf meine Gefährten zeigen wir die Freude, die wir im Herzen fühlen, das Glück und die Liebe fangen an, uns zu trösten.
M. S. Ey so komme alles Unglück über uns alle, wie kannst du armer Sozio einen solchen Schmerzen, und eine solche Angst ausstehen?
(es wird wieder geschossen, und es kömmt eine Rotte Ungarn her aus und spielen auf verschiedenen Instrumenten.)

Fünf=

SCENA XV.

Elena, D. Fabio nobilmente vestiti da sposi, Ungheri, detti, e poi D. Velardo.

D. F. Trompette sonate
    Sparate Cannoni
    Ste pelle nottate
    Follem legre star.
    Mie spose garbate
    Tonn' Elene pone
    Doman per l'armate
    Folème marciar.

El. Con tutta obbedienza
    Vi porgo la mano
    La vostra presenza
    Mi fa innammorar.
    Verrò nell' armata,
    E a fianco ancor io
    Dell' idolo mio
    Saprò guerregiar.

Vel. (Che donna infedele!
    Che barbaro core!
    Ohime che il furore
    Già matto mi fà)

An. (Se metti in obblio
    La fè che giurasti
    L'offeso amor mio
    Saprò vendicar.)

M. S. Quest' oggi, per bacco
    La vita mi gioco.
                         M'a-

Fünfzehnter Auftritt.

Hel. D. Fab. in prächtiger Ungarischen Brautskleidung, die Vorigen, hernach D. Vel.

D. F. Blaset mit den Trompeten, feuert die Kanonen ab, diese Schönen wollen lustig seyn. Meine artige Braut, meine süsse Helene, morgen wollen wir zur Armee reisen.

Hel. Ich reiche ihnen mit allen Gehorsam die Hand; ihre Gegenwart erfüllet mich mit Liebe. Ich will zur Armee kommen, und an ihrer Seite, mein Abgott, tapfer fechten.

Vel. (Was für ein treuloses Weib, was für ein grausames Herz! Ach die Wuth macht mich unsinnig.)

An. Wenn du auf die Treue, welche du mir geschworen hast, vergiessest, so werde ich meine beleidigte Liebe zu rächen wissen.)

M. S. Beim Pluto, heut opfere ich mein Leben auf. Hören sie ein wenig wie
ich

   M'afcoltino un poco
   Le mie nullità
D. F. Vecchiarde priccone
   Folute mazzar. (*gli va fopra*
          colla fciabla.)

El.
Graz.
D. D. } a 5. Or via fi perdoni
Bel.   Lafciatelo ftar.
An.

D. F. Su via maifciozione,
   Manine ftrinciamo.
Vel. Che mani? Burliamo?
   Or sì mi rifento.
   Pria qua il teftamento
   Che s'aprì del Padre,
   Ei pria di fpofare
   Comanda allo fpofo
   Che deve efeguire
   La fua volontà.
D. D. Veriffimo. E nullo
   Se nò, il matrimonio;
   Anch'io teftimonio
   Firmato fon là
   Non faffi un contratto,
   Non vi è teftamento
   Ch'io non mi prefento
   Per tutto appurar.
El. Leggiamolo prefto
   Che io meco l'hò già
    (*Cava una fcrittura fugellata*)

        D. D.

Zweyter Aufzug.

ich beweisen will, daß alles dieses ungültig ist. —

F. D. Du alter Schelm, ich will dich umbringen.

(er geht mit dem Säbel auf ihn los.)

Hel.
Graz.
Dal.   } in 5. So verzeihen sie ihm, lassen
Bel.   sie ihn gehn.
An.

D. F. Nun hurtig mein Schatzerl, geben wir einander die Hand.

Vel. Was Hände? Scherzet man denn? nun steigt mir wohl die Gall in die Höhe. Man lese bevor das Testament des Vaters, welcher dem Bräutigam befiehlt daß er, bevor er mit der Tochter getraut wird, seinen letzten Willen vollbringen soll.

Dal. Dieses ist wahr, und wenn das nicht geschieht, so ist die Ehe ungültig, ich bin selbst als Zeug unterfertiget. Man macht nie keinen Vertrag, und kein Testament, wo ich nicht dabei wäre um alles ausforschen.

Hel. Lesen wir es nur geschwind, ich habe es bei mir.

(sie zieht eine versiegelte Schrift heraus.)

Dal.

D. D. Io leggo ben presto,
Porgetelo quà.

Elen.
M. S.
An.
Vel.   a. 7.
Bel.
Graz.
D. F.

Chi sa se ora questo
Mi nuoce, e mi giova
Il cor nero, e mesto
Battendo mi sta.

D. D. (*Legge*) In die vigesima, mensis
etcetera
Don Marcantonio Belfiore etcetera
Già padre d'Elena comanda et-
cetera
Che in matrimonio quella con-
giugasi
A un uom magnanimo, forte, e
terribile
Ma che un po' prima del matri-
monio
Chi ha da sposarla, brama, che
provisi
Con armi orribili di foco etcetera
Etiam con spada, o pugni etce-
tera
Con tutti gli altri, che la pre-
tendone
E a chi di loro più forte trovasi,
Quello Donn' Elena sposar dovrà.
(*D. Velasco cava due pistole.*)

Vel.

Dal. Ich kann sehr geschwind lesen, geben sie es her.

Hel.
M. S.
An.
Vel.   } in 7.   Wer weiß, ob dieses mir itzt nützlich, oder schädlich seyn wird? Mein Herz ist traurig, und bebet.
Bel.
Graz.
D. F.

Dal. (liest.) In die vigesimà mensis, etcetera. Don Marcanton Belfiore etcetera Vater der Helene seligen Andenkens befiehlt, daß selbe sich mit einem großmüthigen, tapferen, und schrecklichen Manne verheirathe. Er will aber, daß, wer sie heirathen soll, kurz vor der Verehelligung mit allen denjenigen, welche auf sie einen Anspruch machen, mit entsetzlichen Feuergewehren, etcetera, auch mit dem Degen, und mit der Faust etcetera, sich prüfen soll, und wer unter ihnen der tapferste seyn wird, der soll Don. Helene heirathen.

(Don Vel. zieht zwey Pistollen heraus.)

Vel. Ecco la mia, la tua pistola
Tu di là tirami, ed io di quà

M. S. A pugni et cetera, non più parola;
Che a pugni et cetera, con te vò
far.

D. D. Si è questo et cetera a spada sola
Anch' io Donn' Elena mi vuò ac-
quistar.

D. F. (Vattene al diavolo, bella figliuola
Tu, e quell' etcetera del tuo papà.)

Vel. Quà le pistole

M. S. Quà son le punie

D. D. A spada, e sciabla
Mi vò tirar.

El.
Bel. } a. 4. Non tanto strepito
An.   Per carità.
Graz.

El. Una notte cosi cara
Tutta piena d'allegria
Il rigor la gelosia
Deh! no' giunga a disturbar.

El. } a. 2. Dopo fatte cenamente
D. F.   Trinche vaine palle e festa
               Si farà combattimente
               Per Tonn' Elena sposar

Tut-

Vel. Da ist die meinige, und da ist deine Pistole, du stelle dich hin, und feuere auf mich, ich werde mich herstellen, und ein gleiches thun.

M. S. Mit der Faust et cetera, das ist genug, ich will mich mit dir mit der Faust, et cetera, schlagen.

Dal. Wenn dieses et cetera, mit dem blossen Degen zu verstehen ist, so will ich mich auch um Helene bewerben.

D. F. (Gehe du zum Teufel, schönes Mädchen, sammt dem et cetera deines Papa.)

Vel. Da sind die Pistolen.

M. S. Da ist die Faust.

Dal. Und ich will mit dem Degen, und mit dem Säbel fechten.

Hel.
Bel.
An.
Graz.
} in 4. Um Himmelswillen, machen sie keinen solchen Lärmen.

Hel. O Götter, lasset ihr nicht zu, daß die Eifersucht eine so angenehme, und freudenreiche Nacht störe.

Hel.
D. F.
} in 2 Nachdem wir werden genachtmahlet, getrunken, getanzt haben und lustig gewesen seyn, da werden wir um die Don. Helena kämpfen.

K 3 Alle

Atto secondo.

Tutti.

Si ceniamo e festeggiamo,
Che poi lite si farà.

  (*ritorna il primo metro
  della musica collo sparo
  del cannone.*

Tutti.

Su, compagni, dimostriamo
Quel piacer, che abbiam nel core,
Che la sorte con amore
Ci principia a consolar.

Fine dell' Atto secondo.

Alle.

Ja lasset uns zum Nachtmahl gehen, machen wir uns lustig, hernach wollen wir unsere Streitigkeit ausmachen.

Es geschieht ein Kanonenschuß und die Musik geht a Capo.)

Alle.

Auf auf Gefährte, zeigen wir die Freude, welche wir im Herzen fühlen; das Glück und die Liebe fängt an uns zu trösten.

Ende des zweyten Aufzugs.

AT-

ATTO TERZO.

SCENA PRIMA.

Elena, e D. Fabio.

El. Amato Fabio, poco
   Tempo, a penar ci resta. Hò machi-
      nato
   Cose grandi per te.
   Burlato hù Mastro Sozio,
   Sedotto Don Dalmiro
   Con la Speranza di ottener Gra-
   Vedrai cosa sò fare.
D. F. Ma sbriga, che altrimente
   Se ammazzato sarò non è decoro.
El. Voglio prima una piccola finezza
   Da te.
D. F. Comanda pure. Io le mie grazie
   Le dispenso a Dozzine.
El. Don Velardo
   Or qui verrà. Giurato hà d'ammaz-
      zarti
   Di rapirmi, e fuggir; ond'io ti dico
   D'aspettare il cimento
   Difendermi da sposo, e da campione
      D. F.

Dritter Aufzug.

Erster Auftritt.

Helene und Don Fabio.

Hel. Geliebter Fabio, wir werden nicht mehr lang in Marter leben. Ich habe deinetwegen grosse Sachen ausstudirt. Ich habe den M. Sozio hintergangen, Don Dalmiro habe ich mit der Hofnung, daß er Grazine bekommen soll, schon auf meine Seite gebracht. Du wirst sehen, was ich noch kann.

D. F. Aber mach bald, denn wenn ich indessen umgebracht würde, das wäre wider den Wohlstand.

Hel. Ich will aber, ehe ich dieses thue, eine kleine Gefälligkeit von dir haben.

D. F. Schaffe nur; ich theile meine Gnaden Dutzetweise aus.

Hel. Don Velardo wird gleich herkommen; er hat geschworen, daß er dich umbringen will, und dann mich entführen, und durchgehn. Ich will also, daß du diese Gefahr erwarten, und mich als ein Bräutigam, und ein Held vertheidigen sollst.

D F. Dici tutto Contrario di Catone,
Gouevernati.
El. Tu fuggi?
E fpofar non mi vuoi?
E fpofar non mi vuoi?
D. F. Nò mi fò il conto,
E trovo, che è un pò meglio
Eſſere o mio bel viſo
Zitello vivo, che accafato ucciſo.
El. Ed hai cuor di laſciarmi, alma ru-
bella?
D F. Colla morte mio ben, non ſi corbella,
El. No: fermati Se fuggi
Un cimento per me, deſſermi ſpoſo,
Barbaro non ſei degno.
D. F. Or mi fareſti, o bella,
Beſtemmiare a rondò ſempre dal
ſegno.
El. Va ingrato, giura affetto
A cent'altre beltà, ſpaſſati, gioca,
Fa l'amor con chi vuoi, ch'io reſto
in preda
Al mio Fiero deſtin piangendo ſem-
pre
Il tradito amor mio.
D F. Ma ſe voglio campar, mia vita,
addio.
El. Ne'giorni tuoi felici
Ricordati di me
D. F. Perchè coſi mi dici,
Elena mia perche?

Dritter Aufzug.

D. F. Du redeſt ganz anderſt als der Cato; bleib wohlauf
(er will fortgehen.)

Hel. Du läuffſt davon? willſt du mich nicht heyrathen?

D. F. Nein meine Schöne: ich habe die Sache überlegt, und ich finde, daß es beſſer iſt ledig, und lebendig, als verheirathet und todt zu ſeyn.

Hel. Kannſt du mich verlaſſen, widerſpänſtige Seele?

Fab. Mein Schatz, mit dem Tode iſt nicht zu ſcherzen.   (wie oben.)

Hel. Halt. Wenn du dich ſcheuſt einen Kampf mir zu Lieb zu nehmen, ſo biſt du nicht würdig, mein Gemahl zu ſeyn.

Fab. Meine Schöne, itzt möchte ich einen Rondo immer a Capo herfluchen.

Hel. Gehe Undankbarer, ſchwöre deine Liebe hundert andern Schönheiten, ſcherze, liebe wenn du willſt; ich bleibe unter der Laſt meines harten Schickſals, und beweine unaufhörlich meine getäuſchte Liebe.

Fab. Aber wenn ich mein Leben retten will... lebe wohl.   (will fortgehn.)

Hel. Denke in deinen glücklichen Tagen auf mich.

Fab. Warum ſagſt du mir dieſes, liebe Helene?

Hel.

El. Resta, bell idol mio.
D. F. Fuggo mio dolce amor.
El. } Ah che fuggendo o Dio.
 } Tu mi trafiggi il cor.
D. F. } a 2 Ah che restando oh Dio.
 } Non campo mezz' altr'or.
El. Fabio?
D. F Mio viso amato?
El. Non viene alcun.
D. F. Rifiato.
El. M'ami dunque ben mio?
D. F. Se fedele mi sei: son fido anch'io,
E. Innocente Schietto, Schietto
 Serbo in petto un cor felice,
 Tutto il il mondo è che lo dice,
 Non ci aver difficoltá.
D. F. Che innocente, e schietto schietto
 Hai nel petto un cor felice
 Che vi sia ciascun lo dice
 Dove sia nessun lo sa
El. Furbetto va li.
D. F. Furbetta vien quà.
El. Bell' Unghero amato
D. F. Vezzoso Vngharetta
El. Sei bello, e garbato
D. F Sei proprio perfetta.
El. Veder ti vorrei
 Con me sotto al braccio
 Se sposo mi sei
 Che gusto sarà,

D.

Dritter Aufzug.

Hel. Bleibe hier mein Abgott.
Fab. O meine süsse Freude, ich laufe davon.
Hel. ⎫ O Gott, wenn du fliehest, so stichst
  in 2 du mir das Herz durch.
Fab. ⎭ O Gott wenn ich hier bleibe, so lebe ich keine halbe Stund mehr.

Hel. Fabio?
Fab. Mein geliebtes Angesicht?
Hel. Es kömmt niemand her.
Fab. Ich erhole mich wiederum.
Hel. Liebst du mich aso mein Schatz?
Fab. Wenn du mir getreu bist, so bin ich auch.
Hel. Ich habe ein unschuldiges, und glattes Herz, dieses sagt die ganze Welt, habe du daran kein Bedenken.

Fab. Du hast ein unschuldiges und glattes Herz? dieses sagt jedermann, wo es aber sey, dieses weiß kein Mensch.

Hel. Gehe hin du Schelm.
Fab. Komm her du kleine Schelminn.
Hel. O mein schöner und geliebter Ungar.
Fab. O reizende Ungerinn.
Hel. Du bist schön und artig.
Fab. Du bist recht vollkommen.

Hel. Ich möchte dich sehen, wie du mich unter dem Arm führen wirst; o welche Freude wird für mich seyn, wenn du mein Gemahl wirst.

Fab.

D. F. Veder di vorrei
Un figlio anche in braccio
Che quando l'abbraccio
Mi chiami Papà!
a 2 Se Ungheri fiamo,
Ridiamo, balliamo
Con piena armonia
Con più libertà,
Allecre prefte
Con trince fefte
ombe s'pariamo,
Trombe foniamo,
Ed un bel taice
Vogliam ballar.

SCENA II.

Anagilda, e Bellonia traveftita da Levantina, poi Elena, D. Verardo, D. Fabio indi Maftro Sozio.

An. Softieni il tuo carattere, o donzella
Che portandolo bene da vil ferva
Diventi adeffo fpofa
Al ricco Falegrame
Bell. Lafciatevi fervir. L'ajuto voftro
Però non mi mancate, e poi ve=
drete
Bellonia che fara-
An. Ecco, che giunge
La tua padrona o che pulita trama!
El.

Fab. Ich wollte dir einen Sohn auf dem Arm sehen, welcher, da ich ihn umarme, mich Papa nennte.

in 2. Weil wir Ungarn sind, so lachen wir, tanzen wir mit vollständiger Harmonie, und mit größerer Freyheit. Seyn wir lustig, und lasset uns trinken, schießen wir Bomben aus, die Trompeten sollen erschallen, wir wollen eine schöne Deutsche tanzen.

Zweiter Auftritt.

Anag. und Bellonia in orientalischer Kleidung, hernach Helena, D. Bel. D. Fab. hernach Meister Sozio.

An. Mädchen spiele du gut deine Rolle (zu Bel.) wenn du dich wohl halten wirst, so aus einer niedrigen Magd wirst du die Gemahlinn eines reichen Zimmermanns werden.

Bel. Lassen sie sich bedienen. Verlassen sie mich nicht, und dann sollen sie sehen, was Belonia thun wird.

An. Da kömmt deine Frau her. O dieses war ein Kunststück.

Hel.

El. Vi ho detto a tutti gia, ch'egli è
              Don Fabio;
   Altro adesso non resta
   Che far sposa Bellonia con inganno
   A Mastro Sozio.
D. F. O bella!
An. Ei di qua viene.
El. Io mi ritiro là; Portati bene
           (*Bell. si cala il velo.*)
   Adesso vogliam ridere
   della bella finzione
M. S. Io mi dichiaro in pubblico,
   Ch'Elena non pretendo più in isposa.
An. Si fà cotesta cosa, se giurato
   Avete amore a questa Levantina
   Mia compagna.
M. S. (Mi dica
   Mia Signora Turchina,
   Cotesta non è Elena?)
An. (E voi non lo sapete?)
M. S. Va benissimo.
Vel. Se è così, vi potete
   Dare adesso la mano.
D. F. Si date mane.
M. S. Mia Signora Levante
   Mi dia la man di sposa per dispetto
   Di tutt' i mi'ei Signori qua presenti.
Bell. Eccola.
M. S. Or siamo sposi.
   Ah ah scopri il tuo viso.
                     Bell.

Hel. Ich habe schon euch allen gesagt, daß er der Fabio ist; nun ist sonst nichts übrig, als die Bellonia durch einen Betrug mit dem M. Sozio zu verheirathen.

Fab. Das wird sauber seyn!

An. Er kömmt eben daher.

Hel. Ich verberge mich dahin, halte dich gut. (Bel. läßt den Schleyer über ihr Gesicht fallen) Jetzt wollen wir über die schöne Erfindung lachen.

M. S. Ich erkläre mich öffentlich, daß ich auf Helene keinen Anspruch mehr mache.

An. Das weiß man schon; Der Herr hat ja meiner Gefährtinn hier, dieser Morgenländerinn, seine Liebe geschworen.

M. S. (Sagen sie mir Frau Türckin, ist diese nicht Helene?

An. (Weiß es der Herr nicht.)

M. S. Ganz gut.

Del. Wenn es so ist, so könnet ihr gleich einander die Hand geben.

Fab. Ja gebet ihr einander die Hand.

M. S. Frau Morgenland, geben Sie mir die Hand als meine Braut, trotz allen den Herren, die hier sind.

Bel. Da ist sie.

(sie giebt ihm die Hand.)

M. S. Nun sind wir schon verheirathet; ha, ha, decke ein Bischen auf dein Angesicht.

L   Bel.

Bell. Eccomi, son gia tua.
Vel.
An.
D. F. } a. 5. Ah ah che riſo!
Graz.
El.
M. S. Come và?
Bell. Come è andata.
   Mi ſei marito, e non mi puoi fug-
                               gire
D. F. E D. Fabio ſon io? ci hà più che
   dire

      Tutti.

   O che caſo, che ſtrano accidente
   Veramente da farci penſar.

SCENA ULTIMA.

      D. Dalmiro, e Detti.
D. D. Miei Signori, che coſa ſi fa?
   Tutti zitti: vediam d'appurar.
   Ch'è ſucceſſo?
                  (*a Maſtro Sozio.*)
M. S. Per me non lo ſò
D. D. Vuol lei dirmelo?
                           (*a Vel.*)
Vel. Io dirlo non vuò.
D. D. Eh di grazia.   (*a Anag.*)
An. Non tormi il cervello.
                              D. D.

Bel. Da bin ich, ich bin schon dein.
(sie nimmt den Schleyer weg, und Soz. erkennt sie.)

Vel.
An.
D. F. } in 5. Ha, ha, das ist zum lachen]
Graz.
Hel.

M. S. Wie ist dieses?

Bel. Wie es halt ist. Du bist mein Mann, du kannst nicht mehr zurück.

D. F. Und ich bin Don Fabio. Hat man noch etwas einzuwenden?

Alle.
O was für ein Zufall, was für eine seltsame Begebenheit! dieses giebt uns wahrhaftig zu denken.

Letzter Auftritt.
Don. Dalmiro und die Vorigen.

Dal. Meine Herren, was thun sie hier? Sie sind alle still: ich muß sehen, ob ich nichts ausforschen kann. Was ist geschehen?
(zum M. S.)

M. S. Ich weiß es nicht.

Dal. Wollen Sie es mir sagen? (zu Vel.)

Vel. Ich will es nicht sagen.

Dal. Sie, wenn ich fragen darf. (zu Anag.)

An. Lasse mich ungeschoren.

Atto terzo.

D. D. Via Grazina
Graz. Domandalo a quello.
D. D. Miei Signori, mi fate crepar.

(*Tutti eccetto D. Dalmiro.*)

 E fortito, che il Savio dal pazzo
 Dolcemente si è fatto burlar.
D. D. Mi foffogo, mi uccido, mi ammazzo
 Se un tal fatto non poffo appurar.

Fine del Dramma.

Dritter Aufzug. 165

Dal. Nu, Grazie.

Graz. Frage es von dem da.

Dal. Aber meine Herren, ich möchte aus der Haut springen.

Alle auſſer Don Dalm.

Es hat ſich zugetragen, daß der Geſcheide, auf der ſchönſten Art, von dem Narren iſt erwiſcht worden.

Dal. Ich erwürge mich, ich bringe mich um, ich ermorde mich, wenn ich dieſe Zufall nicht ausforſchen kann.

Ende des Singſpiels.

www.ingramcontent.com/pod-product-compliance
Lightning Source LLC
Chambersburg PA
CBHW030251170426
43202CB00009B/697